Stefanie Jung

111 Orte in Mainz, die man gesehen haben muss

emons:

Bibliografische Information der Deutschen Nationalbibliothek
Die Deutsche Nationalbibliothek verzeichnet diese Publikation
in der Deutschen Nationalbibliografie; detaillierte bibliografische
Daten sind im Internet über http://dnb.d-nb.de abrufbar.

© Emons Verlag GmbH
Alle Rechte vorbehalten
© alle Fotografien: Stefanie Jung
Layout: Eva Kraskes, nach einem Konzept
von Lübbeke | Naumann | Thoben
Kartografie: Ursula Baaser
Wald- und Siedlungsflächen: OpenStreetMap
Druck und Bindung: B.O.S.S Medien GmbH, Goch
Printed in Germany 2015
Erstausgabe 2012
ISBN 978-3-95451-041-2
4. Aktualisierte Neuauflage November 2015

Unser Newsletter informiert Sie
regelmäßig über Neues von emons:
Kostenlos bestellen unter
www.emons-verlag.de

Vorwort

Über Mainz, könnte man meinen, ist alles gesagt. Natürlich kennt man den Mainzer Dom. Und die Chagall-Fenster von St. Stephan. Oder den Fastnachtsbrunnen. Sie sind Bestandteil jeder Stadtführung und in jedem Reiseführer beschrieben.

Wer sich aber mit diesem Buch auf die Suche nach anderen als den allgemein bekannten Plätzen begibt, bewegt sich weitab vom Mainstream herkömmlicher Stadtbeschreibungen.

Lassen Sie sich von Fotos inspirieren, die überraschende Einblicke und spannende Perspektiven bieten. Gewinnen Sie anhand der gründlich recherchierten Texte Einsichten von Orten, die oft gut versteckt sind und deren Geschichte auch Insider überrascht.

Oder wussten Sie, dass sich hoch oben im Turm von St. Stephan das Penthouse mit dem atemberaubendsten Blick über Mainz befindet? Haben Sie schon das originellste Gebrauchtwarenhaus von Mainz entdeckt? Oder sich ein schönes Buch aus dem früheren Sicherungskasten am Rhein entliehen? Wo haben die »Utschebebbes« Spuren hinterlassen? Warum schwebt mancher Hauseingang in der Neustadt eigentlich bis heute in luftiger Höhe? Und: Was hat es eigentlich mit den Backofengräbern von St. Ignaz auf sich? Auch für (Industrie-)Romantiker hat dieses Buch einen besonderen Tipp in äußerst kontrastreicher Umgebung parat.

All das sind spannende Orte in Mainz, die so in üblichen Reiseführern nicht stehen und sich jenseits der ausgetretenen Pfade befinden. Erfahren Sie Hintergründe, die den Blick auf diese schöne Stadt erweitern. Und entdecken Sie Geheimtipps, die das Potenzial zu neuen Lieblingsorten in der Stadt haben. Denn ein Lieblingsort kann vieles sein.

Unerwartet oft ist er ganz in der Nähe.

111 Orte

1___ Der Alexanderturm
Vom Verkehr umbrauste Geschichte | 10

2___ Das Alpinum
Gebirgszone mit Erholungswert auf dem Campus | 12

3___ Die »Alte Patrone«
Mode und Kunst im ehemaligen Friedenspulvermagazin | 14

4___ Die Amphore und die Palme
Ja, sind wir denn in Spanien? | 16

5___ Das Atelier des Valentin Barth
Figurenpavillon mit Triton im Hinterhof | 18

6___ Die Auespitze
Wo sich Industriehafen und Rhein vermählen | 20

7___ Der Aussichtsturm
Über 80 Stufen zur 360-Grad-Rundumsicht | 22

8___ Die Backofengräber
Wegen Platzmangel ins Schiebegrab | 24

9___ Die Baentsch-Siedlung
Ein Hauch Montmartre | 26

10___ Das Barbarossa-Denkmal
Erinnerung an ein pompöses Fest | 28

11___ Die Bar jeder Sicht
»Sichtbar leben« heißt Präsenz zeigen | 30

12___ Der Baumstumpf am Backhaus
Woher der Kirschgarten seinen Namen hat | 32

13___ Der Beichtstuhl
Dämmerschoppen gegen Möbelstück? | 34

14___ Die Berliner Mauer
Von der Spree an den Rhein | 36

15___ Das Bischofshaus
Hier hat auch schon der Papst residiert | 38

16___ Das Brockenhaus
Dauerflohmarkt im Gebrauchtwarenhaus | 40

17___ Das Bruchwegstadion
Ruhigere Zeiten für die Grande Dame | 42

18___ Der Brunnen
Quellkartoffeln und Hering im sprudelnden Nass | 44

19 Der Bücherschrank
Lesekultur im Sicherungskasten | 46

20 Die Büste
Passender Rahmen für den Kardinal | 48

21 Die Caponniere
Kaffee trinken hinter Schießscharten | 50

22 Das Chausseehaus
Wo Goethe als Kriegsbeobachter residierte | 52

23 Das nie eingeweihte Denkmal
Zum Gedenken an das Patenschiff der Stadt | 54

24 Die Drehbrücke
Verbindung zwischen Altstadt und Mole | 56

25 Der Druckladen
Hier wird Gutenbergs Erbe gelebt | 58

26 Der Drususstein
Monument für den römischen Feldherrn | 60

27 Die Ein-Mann-Bunker
Stumme Zeugen aus Beton | 62

28 Die Eisenbahnwerkstatt
Von der Werkstatt zur Markthalle zum Museum | 64

29 Der Eisenmann
»Antimensch« in Form eines Roboters | 66

30 Die Explosion
Auch Sissi spendete für die Opfer | 68

31 Das Fastnachtsmuseum
Gut versteckt: 175 Jahre Fastnachtsgeschichte | 70

32 Der Fastradastein
Erinnerung an die vierte Frau Karls des Großen | 72

33 Die Fischergasse
Wo Plötze, Wels und Salm über die Theke gingen | 74

34 Der Fotoautomat
Schräge Aufnahmen im Club | 76

35 Frauenlobs Barke am Rhein
Zu Grabe getragen von Frauen mit wallendem Haar | 78

36 Der Frühstücksplatz
Glücklich mit Weck, Worscht un Woi vor dem Dom | 80

37 Der Fuchs
Allgegenwärtig: das Konterfei eines Bürgermeisters | 82

38 Die Fuksas-Häuser
Tradition kontra Moderne | 84

39 Das Garnisonsmuseum
Mainzer Garnionsgeschichte in den Kasematten | 86

40 Die Gaustraße
Steiler Weg ins »Gau« | 88

41 Der Glockenbaum
Im Volksmund auch »Beamtenwecker« | 90

42 Das Glockenspiel
Choräle über der Alt- und Neustadt | 92

43 Der Goetheplatz
Naherholung für Generationen und Kulturen | 94

44 Die Görzsiedlung
Architekt und Bauarbeiter Hand in Hand | 96

45 Die Gräberstraße Weisenau
Versteckt im Büroviertel: Via Sepulcrum Mogontiaci | 98

46 Das Graffiti
Kunst in der Unterführung | 100

47 Die Grüne Brücke
Zwergfledermäuse und Essigrosen auf Kunstobjekt | 102

48 Der Grüngürtel
Spazieren am früheren Festungswall | 104

49 Der Hartenbergpark
Wasserspiele und Weitsicht auf früherer Eierburg | 106

50 Der Hauptfriedhof
Parkfriedhof mit Geschichte | 108

51 Das »Heilig-Geist-Spital«
Mittelalterliches Bauwerk als Szenetreff | 110

52 Die »Himmelfahrt Mariens«
Die Nasen sind rot! | 112

53 Die Kirchen im Blick
Die Skyline von Mainz – einmal ganz anders | 114

54 Das Krankenhaus auf dem Kästrich
Wohnen, wo früher operiert wurde | 116

55 Der höchste Punkt der Stadt
Beste Aussicht vom früheren Stützpunkt | 118

56 Das Hochwasserpumpwerk
Monolith auf Wasserader | 120

57 Der Holzturm
Endstation des Schinderhannes | 122

58 Der Isis-Tempel
Römische Kultur im Einkaufscenter | 124

59 — Der Kaiserbalkon
Weitsicht bis auf den Großen Sand für Wilhelm II. | 126

60 — Die Kaiserbrücke
Historische Direktverbindung | 128

61 — Die Kanonenkugeln
Beweis für Standfestigkeit – oder eine Geschichte? | 130

62 — Das Kellertor
Ein Überbleibsel Mainzer Braukultur | 132

63 — Die Kirschbäume
Nein, wir sind nicht in Kyoto! | 134

64 — Der Klostergarten
Spiritueller Rückzugsort inmitten der Stadt | 136

65 — Die Kunsthalle
Vom Kesselhaus zum Kunstquartier | 138

66 — Der Layenhof
Ortsteil mit unendlicher Geschichte | 140

67 — Die Liebesschlösser
Edelstahl mit Symbolkraft an der Eisenbahnbrücke | 142

68 — Der Mahlturm
Neues Leben in der ehemaligen Gewürzfabrik | 144

69 — Der Mainzer Traum
Wasser umsprudelte Szenerie im Fastnachtsbrunnen | 146

70 — Die Marienkapelle
Gut versteckt – mitten in der Altstadt | 148

71 — Die Martinus-Bibliothek
Wissenschaftlich-theologische Spezialbibliothek für jedermann | 150

72 — Der Maxborn
Laufbrunnen mit Vergangenheit | 152

73 — Die Mehrzweckhalle
Sportunterricht in der früheren Synagoge | 154

74 — Die Nagelsäule
Das letzte Nagelmonument | 156

75 — Der Napoleonstein
Denkmal für gefallene Bürger und Veteranen | 158

76 — Die Oberleitungsrosetten
Als die Straßenbahn durch die Altstadt ratterte | 160

77 — Der Ornithopter
Flugversuche im Spiel- und Balancierpark | 162

78 — Der Promiweinberg
Zurück zu den Wurzeln: Weinanbau inmitten der Stadt | 164

79 Das Proviant-Magazin
Früherer Getreidespeicher der Österreicher | 166

80 Die Reliquien der Jungfrau von Finthen
Ideal der Reinheit als Teil der Ortsgeschichte | 168

81 Der Rosengarten
Es war eine Mutter, die hatte vier Kinder ... | 170

82 Das Ross aus Gold
Auf dem Dach steht nur die Kopie | 172

83 Die Sanduhr
Synchron mit dem Metrologie-Institut | 174

84 Der Schutzheilige
Von Angesicht zu Angesicht | 176

85 Die Sektkellerei
Hier tanzt Gold in der Flasche | 178

86 Der Serenadenhof
Mediterranes Ambiente im Verlagshaus | 180

87 Das Skulpturen-Ensemble
»Im Schatten der Macht« | 182

88 Der Stadioner Hof
Wiege der deutschen Literaturgeschichte | 184

89 Das Stadttor der Römer
Auf den (Wagen-)Spuren der Legionäre | 186

90 Der Steinbruch
Zeitreise durch 20 Millionen Jahre | 188

91 Die Steppe
Dünen am Stadtrand | 190

92 Die Straßenschilder
Rot oder Blau: Da geht's lang! | 192

93 Die Stuckdecke
Voltaire und Goethe unter Putten und Faunen | 194

94 Die Synagoge im Hinterhof
Gerettet, weil vergessen | 196

95 Eine Synagoge mit Objektcharakter
Solitär im städtebaulichen Kontext | 198

96 Der Taufstein
Wo der kleine Johannes Gutenberg die Taufe empfing | 200

97 Der Traubensaal
Einmal Paris und zurück | 202

98 Die Türmerwohnung
Penthouse für den Feuer- und Feindmelder | 204

99 — Die Utschebebbes
Gräber erinnern an die Kolonialsoldaten | 206

100 — Das Victor-Hugo-Ufer
Flirten, sonnen, chillen und grillen | 208

101 — Das Vogelhaus
Retro-Umgebung für Aras und Flamingos | 210

102 — Der Walk of Fame
Jedem sein eigener Stern | 212

103 — Die Wallaustraße
In der Neustadt zwischen »oben« und »unten« | 214

104 — Die Wasserleitung
Das höchste römische Aquädukt nördlich der Alpen | 216

105 — Der Wasserspielplatz
Reminiszenz an eine Zunft | 218

106 — Der Wegweiser
Auf Napoleons Spuren in Frankreichs Hauptstadt | 220

107 — Das Wendelinusheim
Vom Forsthaus zum Erholungsheim | 222

108 — Die Windmühle
Turborutsche im Windradturm | 224

109 — Das Wohnquartier Kartaus
Erst Kloster, dann Fort, jetzt Wohnhof | 226

110 — Der Wohnturm
Die Curia de Lapide – Mainz' ältestes Wohnhaus | 228

111 — Die Zeltdachkirche
Eine Kirche auf Wanderschaft | 230

1 Der Alexanderturm

Vom Verkehr umbrauste Geschichte

Gegenüber der Mündung des Mains gelegen und umgeben vom fruchtbaren rheinhessischen Hügelland, galt Mogontiacum, das »römische Mainz«, bereits vor über 2.000 Jahren als idealer Ausgangspunkt für Feldzüge, war Verwaltungszentrum und Drehscheibe für Handel und Verkehr zugleich. Als letzter Zeuge der ehemals eindrucksvollen Befestigung steht der runde Alexanderturm am Rande der früheren Sektkellerei Kupferberg.

Heute vom stadteinwärts führenden Verkehr umbraust, wurde er als mittelalterlicher Stadtturm auf den Grundmauern seines römischen Vorgängers errichtet. Runde Türme wie diesen gab es in römischer Zeit und dann wieder vom 15. Jahrhundert an. Seinen heutigen Namen hat der Wehrturm von der sich in unmittelbarer Nachbarschaft befindlichen, inzwischen zur Kupferbergterrasse zählenden und noch in Teilen genutzten Alexanderkaserne.

Durch seine Bauweise wie durch seine Schmucklosigkeit hebt er sich von den beiden anderen verbliebenen Türmen der früheren Stadtmauer, dem an der Rheinstraße gelegenen Holz- und dem Eisenturm, ab. Kleine Schießscharten erinnern an die Epoche, als der Alexanderturm wichtiger Eckpunkt der früheren mittelalterlichen Stadtmauer war, die an dieser Stelle einen Knick machte und über die Hintere Bleiche hinunter in Richtung Rhein verlief. Die heute ins Nichts führende Tür in luftiger Höhe verband den Turm mit einem Wehrgang.

Ursprünglich zur Sicherung des römischen Mogontiacum im 4. Jahrhundert erbaut, steht er nur wenige Schritte vom Römertor, dem Zugang zum Römerlager auf dem Kästrich, entfernt. Seine Lage mit Blick auf das ehemalige Lager vermittelt dem Betrachter eine Vorstellung des damaligen täglichen Lebens auf dem Kästrich-Gelände mit seinen zu militärischen Einsätzen ausrückenden Truppen und dem bunten Volk der Bauern und Handwerker, die mit Zugtieren und Lastkarren die Zufahrtsstraßen bevölkerten.

Adresse Augustusstraße (neben Novotel), 55131 Mainz-Oberstadt | **ÖPNV** Bus 62, 63, 67, 71, 76, Haltestelle Trajanstraße | **Tipp** In der benachbarten früheren Sektkellerei sind Führungen durch die Räumlichkeiten und Keller möglich. Informationen sind telefonisch (06131/9230) oder im Internet (www.kupferbergterrasse.com) zu erfahren.

2 Das Alpinum

Gebirgszone mit Erholungswert auf dem Campus

Bei der Erweiterung des Universitätsheizwerks im Jahr 1950 fiel Aushub an. Das Gestein war wie geschaffen für ein Alpinum und bildete deswegen die ideale Grundlage für die 2.150 Quadratmeter große Anlage des Alpengartens.

Gleich an der Einfahrt des Campus, von der Albert-Schweitzer-Straße in den Bentzel-Weg, ist das künstliche Relief des Alpinums als besonders schönes Entree zur Johannes-Gutenberg-Universität zu bewundern. Der Themengarten gilt als eine besondere Abteilung des mit insgesamt 9.000 Pflanzenarten ausgestatteten Botanischen Gartens.

Wer durch das kleine, in der Regel unverschlossene und etwas versteckt im Dietrich-Gresemund-Weg liegende Türchen tritt, befindet sich in einem kleinen Mikrokosmos. Auf ineinander verschlungenen, schmalen Pfaden geht es an lauschigen Plätzchen und romantischen Wasserläufen vorbei. Im Sommer herrscht erhöhte Luftfeuchtigkeit, herbeigeführt durch eine stationäre Bewässerungsanlage. Die Kultivierung von Pflanzen aus Gebirgsregionen ist in Mainz mit seiner geringeren Höhenlage und entsprechend anderem Klima eigentlich nur begrenzt möglich. Schließlich muss sich die ursprünglich in unterschiedlichen Höhenstufen beheimatete Vegetation an ganz neue Lebensbedingungen gewöhnen. Dennoch sind hier – pflanzengeografisch gegliedert – zahlreiche gut gedeihende Gewächse aus den Gebirgen Südeuropas und Westasiens zu sehen, die ein charakteristisches Bild jener Regionen vermitteln.

Auf der Südseite des kleinen Hügels fühlen sich mediterrane und orientalische Pflanzen, wie der Granatapfel oder die chinesische Dattel, besonders wohl. Gehölze und wärmeliebende Exemplare aus den Alpen, Pyrenäen oder dem Himalaja sind ebenso zu entdecken.

Ein schattiges Plätzchen lässt sich hier im Sommer immer finden. Der Alltag lässt sich dann in dieser kleinen Oase inmitten des geschäftigen Campus schnell vergessen.

Adresse Botanischer Garten, Anselm-Franz-von-Bentzel-Weg, 55128 Mainz-Oberstadt | **ÖPNV** Bus 6, 45, 69, Haltestelle Botanischer Garten | **Öffnungszeiten** ganzjährig geöffnet | **Tipp** Thematisch naheliegend ist der Besuch der übrigen Abteilungen des Botanischen Gartens, Veranstaltungen und Führungen stehen im Internet auf www.botgarten.uni-mainz.de.

3 Die »Alte Patrone«

Mode und Kunst im ehemaligen Friedenspulvermagazin

Das Fort Hartenberg war Teil des Festungsgürtels, der die Stadt Mainz von 1891 bis 1922 umschlossen hat. Dazu zählte auch das 1908 erbaute ehemalige Friedenspulvermagazin Nummer 2, die sogenannte »Alte Patrone« mit der ehemaligen Munitionsfabrik, der Magazinbau (Nummer 63, 65) sowie die Remise (Nummer 61). Die Lagerung größerer Munitionsmengen innerhalb einer Festung und damit in unmittelbarer Nähe zur Zivilbevölkerung barg große Risiken. Weil ein Depot außerhalb der Befestigungsanlagen aber ebenfalls eine Gefahr darstellte, einigte man sich auf einen Kompromiss: Sogenannte »Friedensdepots« wurden geschaffen, wo die Munition in Friedenszeiten eingelagert wurde. Diese Magazine lagen etwas außerhalb der Befestigung. Im Kriegsfall aber nah genug für eine Umschichtung in das im Innern des Festungsrings gelegene »Kriegsdepot«.

Die französischen Besatzungstruppen nutzten die Anlage nach dem Ersten Weltkrieg als Truppenunterkunft. Als die Schleifung der Forts und der befestigten Munitionsdepots anstand, waren die Gebäude des Friedensdepots schon nicht mehr militärisch relevant und blieben wohl deswegen erhalten. Von der deutschen Wehrmacht ab 1936 bis 1945 ebenfalls als Lager genutzt, wurde das Gebäudeensemble nach dem Zweiten Weltkrieg zur Notunterkunft für aus ihren Häusern gebombte Mainzer Familien.

Bald darauf siedelten sich Firmen an. Nach Umbauten zwischen 1996 und 1999 diente die Remise als Atelier für Künstler und der gastronomischen Nutzung. So sind hier die Modeschöpferin Anja Gockel und der international renommierte Künstler Dorél Dobocan zu Hause.

Ein Restaurant nebst Veranstaltungssaal stand mangels interessierten Pächtern längere Zeit leer. Mittlerweile wurde eine für den Stadtteil dringend benötigte Kindertagesstätte in den großen Räumen des ehemaligen Munitionslagers eingerichtet.

Adresse Am Judensand 63, 55122 Mainz-Hartenberg/Münchfeld | **ÖPNV** Bus 64, 65, 91, Haltestelle Judensand | **Tipp** Die Anschrift »Am Judensand« weist auf die Nähe zu dem alten jüdischen Friedhof am Hang des Hartenbergs hin. Auf dem bis 1880 belegten Friedhof stammen die ältesten Grabmale aus dem 12. Jahrhundert. Oberhalb der Mombacher Straße gelegen, ist er zu Fuß von der »Alten Patrone« aus gut zu erreichen.

4 Die Amphore und die Palme

Ja, sind wir denn in Spanien?

Wie auf einer Insel, nur vom Verkehr statt von sanften Meereswellen umspült, verbreiten die terrakottafarbene Amphore und die große Hanfpalme auf der Rheinstraße eine für die Stadt eher untypisch mediterrane Atmosphäre.

Nun wird ja aufgrund der römischen Vergangenheit von Mainz nahezu überall, wo Erdreich zutage gefördert wird, auch etwas Antikes gefunden. So zum Beispiel die bei Ausschachtungsarbeiten ausgegrabenen Wracks römischer Schiffe, gar nicht weit von unserer mediterranen Insel entfernt. Um einen archäologischen Fund – oder gar eine »Leihgabe des Landesmuseums«, wie ein städtischer Bediensteter auf erste Nachfrage vermutete – handelt es sich bei der Amphore jedoch nicht. Sie ist vielmehr ein Überrest des Valencia-Gartens, der Anfang der 80er Jahre anlässlich der 1978 offiziell besiegelten Städtepartnerschaft im Mainzer Stadtpark aufgebaut wurde. Vielleicht um ohnehin bestehende Gemeinsamkeiten zu erweitern, importierte man für das noch fehlende mediterrane Flair in Mainz Palmen – und sogar eine kleine Finca. Die schon als ausgewachsene Bäume eingeführten Pflanzen konnten sich jedoch nicht recht mit dem hiesigen Klima anfreunden. Sie erfroren. Vandalismus setzte dem iberischen Ensemble weiter zu. Als obendrein Baumaßnahmen in unmittelbarer Nähe anstanden, wurde das, was von dem Garten übrig geblieben war, kurzerhand vom Grünamt sichergestellt.

Jahre später stand die Neugestaltung des bis dahin bevorzugt mit Feuerdorn bepflanzten Wechselbepflanzungsbeetes vor dem Spielcasino in der Rheinstraße an. Es erschien nur folgerichtig, sich dem mit Palmen bestückten Entree des Casinos anzupassen, und so erinnerte man sich im Grünamt wieder an die noch verbliebene Amphore aus dem Valencia-Garten. Eine – diesmal winterharte – Palme vertrieb den Feuerdorn und ziert seither mit der Amphore an exponierter Stelle eine der Mainzer Hauptverkehrsstraßen.

Adresse Rheinstraße, 55116 Mainz-Altstadt | **ÖPNV** Bus 6, 9, 28, 54–57, 68, 70, 91, 99, Haltestelle Brückenplatz | **Tipp** Zu den Traditionsweinstuben von Mainz zählt das Weinhaus Wilhelmi in der Rheinstraße 53. Im Sommer können Wein und Handkäs' draußen in der ruhigen Spitalgasse genossen werden. Öffnungszeiten: Täglich von 17 bis 24 Uhr, Tel. 06131/224949.

5 Das Atelier des Valentin Barth

Figurenpavillon mit Triton im Hinterhof

Wer durch die schlichte Tür des Rokoko-Hauses in der Goldenbrunnengasse 10 tritt und die Tür am anderen Ende des Flurs öffnet, wähnt sich in einer anderen Welt. Vielleicht im romantischen Innenhof eines alten römischen Palazzos? Dominiert wird der so versteckt und doch inmitten der Stadt gelegene frühere Atelierhof von einer überdachten, zwischen 1896 und 1906 von dem Bildhauer Valentin Barth geschaffenen Laube. Die Färbung des Pavillons und seiner Figuren im Terrakotta-Ton verstärkt das südliche Ambiente.

Valentin Barth (1837–1920) galt als Experte der Methode des Zementgusses nach handgefertigten Modellen aus Stuckgips. Der mit eleganten Plastiken bestückte Figurenpavillon, in dessen Mitte der 1862 geschaffene Triton in sein Muschelhorn bläst, diente als Präsentationsraum und zeigte einen Querschnitt Valentin Barths Schaffens.

1860 ließ sich der aus Bad Nauheim stammende und in München zum Bildhauer ausgebildete Künstler in Mainz nieder. Er heiratete die Tochter des Mainzer Historienmalers Wilhelm Lindenschmid. Das Haus in der Goldenbrunnengasse erwarb er 1865. Mit dem Bau eines Ateliers wurde der befreundete Mainzer Architekt Conrad Kraus beauftragt. Im Vorderhaus wohnte der Künstler mit seiner Familie, im Atelier im Hinterhof arbeitete er. Auftraggeber für das von Barth mit Unterstützung seines Vetters Heinrich betriebene »Atelier für Bildhauerei und Architektur« waren in erster Linie Architekten.

Barth hat bis heute Spuren im Stadtbild hinterlassen – wie zum Beispiel den Triton, von dem ein Duplikat in Zement gegossen im Stadtpark steht.

Kaum zu glauben, dass das gesamte prachtvolle bauliche Ensemble in den 70er Jahren beinahe der Abrissbirne zum Opfer gefallen wäre. Die Rettung ist Privatleuten zu verdanken, die das Anwesen auch bewohnen und maßgeblich für die Wiederherstellung seines ursprünglichen Zustandes verantwortlich sind.

Adresse Goldenbrunnengasse 10, 55116 Mainz-Altstadt | **ÖPNV** Bus 64, 65, 70, 92, Haltestelle Pfaffengasse | **Öffnungszeiten** Das ehemalige Atelier von Valentin Barth ist auf Anfrage zu besichtigen, Kontakt Dr. Hans-Jürgen Kotzur, Tel. 06131/235915, E-Mail: brigitte.kotzur@gmx.de | **Tipp** Auf beiden Seiten des Eingangs zum Mainzer Hauptbahnhof sind von Valentin Barth geschaffene Reliefs mit antik gewandeten Putten zu sehen.

6 Die Auespitze

Wo sich Industriehafen und Rhein vermählen

Ein Industriegebiet gilt in den seltensten Fällen als attraktives Ausflugsziel oder hat gar etwas von einem Naherholungsgebiet. Wer es aber am Müllheizkraftwerk und den Kraftwerken Mainz-Wiesbaden vorbeigeschafft hat, kommt einem besonderen Stückchen Mainzer Erde näher. Auf der Zielgeraden zur äußersten Spitze der Neustadt, im Norden der Ingelheimer Aue, geht es an den wie Perlen auf einer Schnur gereihten Vereinsheimen vorbei: Auf der ehemaligen Rheininsel hat der Schwimmverein SSV Undine 08 e.v. ebenso eine Heimat gefunden wie die Mainzer Ruder-Gesellschaft 1898, der Polizei-Sportverein Mainz e.v. und der Verein der Sportangler Mainz I e.v. 1895.

Angekommen. Jetzt nur noch über die Wiese gehen, und schon ist man auf der Molenspitze des Industriehafens. Besonders schön ist der Besuch übrigens am Abend bei Sonnenuntergang. Denn dort, wo die Spitze der ehemaligen Rheininsel Ingelheimer Aue in den Fluss hineinragt, mag man sich wahlweise wie auf einer Insel oder auf dem Bug eines Schiffes fühlen – und hat gleichzeitig einen prima Picknick- beziehungsweise Grillplatz gefunden. Je nach Wetterlage kann das eine oder andere Mal aber schon der Duft des wechselweise Kaffee oder Kakao produzierenden Unternehmens schräg gegenüber wahrgenommen werden. Was nicht weiter stören sollte. Denn außer ein paar Anglern, die sich unten am Wasser um ihr Abendbrot bemühen, die Molenspitze passierenden Ruderern oder eventuell anderen die Atmosphäre genießenden Industrieromantikern, ist es hier tatsächlich überraschend idyllisch.

Geradeaus, über den Fluss hinweg, schweift der Blick über die Silhouette der Schiersteiner Brücke. Und erinnern die in der Ferne schimmernden Hügel des Rheingaus nicht ein wenig an die Toskana? Rechts, unmittelbar gegenüber der Mole, tut sich als angenehmer Kontrast zur Industrie am Hafen der grüne Dschungel der Rettbergsaue auf.

Adresse Zufahrt von der Rheinallee, Richtung Industriegebiet Ingelheimer Aue, über die Auenbrücke und durch die Gaßnerallee zur Molenspitze, 55120 Mainz-Neustadt | **ÖPNV** Bus 58, Haltestelle Ingelheimer Aue | **Tipp** Die gegenüberliegende Rettbergsaue lohnt einen Ausflug. Zu erreichen ist sie von der Mainzer Seite über eine Treppe an der Autobahnbrücke oder per Schiff aus dem Schiersteiner Hafen.

7 Der Aussichtsturm
Über 80 Stufen zur 360-Grad-Rundumsicht

Suchen die Mainzer der »richtigen«, also links des Rheins gelegenen, Uferseite Ruhe und Entspannung mitten im Grünen – und wollen sie noch dazu einen herrlichen Panoramablick auf die eigene Stadt genießen –, fahren sie auf die »Ebsch Seit« über die Brücke nach Hessen. Übersetzt ist die »Ebsch Seit« je nach Herkunft des Betrachters übrigens immer die jeweils »falsche Seite« des Ufers und somit Ansichtssache.

Silbern in der Sonne glitzernd, ragt der Aussichtsturm, eine rund 20 Meter hohe Stahlskulptur, seit September 2011 in den Kostheimer Himmel. Er wurde im Rahmen eines Regionalparkprojekts entworfen und gebaut und soll den Bezug zur industriellen Vorgeschichte dieses Platzes herstellen, der früher zum Be- und Entladen von Frachtschiffen genutzt wurde.

Schritt für Schritt geht es über vier Zwischenpodeste 80 Stufen dem Himmel ein Stückchen näher. Wer schwindelfrei ist, hat auf der obersten Plattform des Bauwerks Glück: Oben angekommen geht der Blick aus 15 Metern Höhe durch die Gitterroste der Stufen ungebremst nach unten. Von dieser Seite des Mainhafens aus hat der Besucher eine ganz neue Möglichkeit, die Silhouette von Mainz zu entdecken. Der Blick fällt auf die Kostheimer Papierindustrie, der ja letztendlich der Turm sowie der damit einhergehende neu angelegte Grünzug zwecks Verzahnung von Industrie und Natur zu verdanken ist. In der Ferne erkennen wir die Dächer von Mainz mit Dom und Christuskirche und erleben die gesamte Umgebung im 360-Grad-Rundumblick. Spannend ist es, den Manövern der bis zu 135 Meter langen Fracht- oder Tankschiffe bei der Einfahrt in die Kostheimer Schleuse zuzuschauen.

Ein leicht ansteigender Steg mit Holzbelag stellt das verbindende Element zwischen Uferweg und Turm dar. Sitzbänke und Fahrradständer auf dem Vorplatz machen den Platz an der Einfahrt des Hafenbeckens zu einem schönen Ausflugsziel.

Adresse Mainufer, 55246 Mainz-Kostheim, Einfahrt zum Hafenbecken am Ende der Mainpromenade | ÖPNV Bus 54, 55, 91, Haltestelle Mainbrücke | Tipp Der Aussichtsturm ist Teil des rund 400 Kilometer langen Regionalparkroutennetzes mit 200 Ausflugszielen. Ideen für Routen und Touren sind im Internet unter www.regionalpark-rheinmain.de zu finden.

8 Die Backofengräber

Wegen Platzmangel ins Schiebegrab

An eine Erweiterung des Kirchhofs rund um die seinerzeit baufällige St.-Ignaz-Kirche war wegen der Enge im Quartier der Schiffer und Fischer nicht zu denken. Während der Planungen für den notwendigen Neubau der Kirche (1763 – 1764) erschien die Einrichtung einer unterirdischen Gruft für den Bau von »Backöfen« deshalb als eine gute Lösung.

Über Jahrhunderte war es üblich, die Toten der Pfarrgemeinde in unmittelbarer Nähe der Kirche zu bestatten. Als platzsparende Variante galten da in oder unter Kirchen gelegene Grabanlagen, in die ein Sarg der Länge nach wie in eine Wandnische, sogenannte Schiebe- oder auch Backofengräber, geschoben werden konnte. Dem zunehmenden Bestattungsnotstand wirkte man damit entgegen, und der Verkauf unterirdischer Grabstätten trug zu den Einkünften der Gemeinde bei. In St. Ignaz wurde also unter Chor und Vierung eine kreuzförmige Krypta als Bestattungsmöglichkeit eingebaut. Nur von außen zugänglich, bestand wegen der Verwesungsgerüche keine Verbindung zum Kircheninnern. In den mit roten Sandstein- oder schwarzen Marmorplatten verschlossenen Gräbern wurden in erster Linie der Kirche in besonderem Maße verbundene Bürger – wie zum Beispiel der Architekt der Kirche, Johann Peter Jäger (1790), oder Bäckermeister Anton Gett (1783), als Stifter der Ignaz-Figur der Fassade, – bestattet.

Insgesamt 260 Gräber waren in dem Tonnengewölbe vorgesehen. Nicht alle wurden belegt. Weil der im Dienst von Napoleon stehende Präfekt des damals französisch besetzten Mainz, Jeanbon St. André, Bestattungen in Kirchen oder auf Kirchhöfen innerhalb der Stadtmauern aus in erster Linie hygienischen Gründen untersagte, fanden die letzten Beisetzungen in der Krypta von St. Ignaz 1803 statt. Ab sofort hatten alle Mainzer ihre Toten auf dem »allgemeinen Begräbnisplatz« im Zaybachtal zu bestatten, womit die Geschichte des Mainzer Hauptfriedhofs begann.

Adresse Kapuzinerstraße, 55116 Mainz-Altstadt | **ÖPNV** Bus 60, 61, 71, 90, Haltestelle Holzturm/Malakoff-Passage | **Öffnungszeiten** Die Backofengräber sind auf Anfrage zu besichtigen, Kontakt: Pfarrbüro St. Ignaz, Di, Mi 9–12 Uhr, Do 14.30–17 Uhr, Tel. 06131/224264 | **Tipp** Empfehlenswert ist der Besuch der Pfarrkirche St. Ignaz. Sie gilt am Mittelrhein als der bedeutendste Kirchenbau des Frühklassizismus und ist täglich zwischen 9.30 und 19 Uhr geöffnet.

9_Die Baentsch-Siedlung

Ein Hauch Montmartre

Wer in der Baentsch-Siedlung lebt, kann das »romantisch«, »wie auf dem Montmartre« – oder auch einfach nur »wie im Süden« finden: Hier flattert die Wäsche zu fast jeder Jahreszeit an den Fassaden, die Gassen sind steil – und den Charme der Anlage könnte man durchaus auch als etwas morbide beschreiben.

Selbst bei schönem Wetter scheint die Sonne nicht so recht ihren Weg in das Zentrum der nach außen hin geschlossen wirkenden Anlage zu finden. Die zehn fünfgeschossigen Häuser wirken in der steilen Hanglage wie miteinander verzahnt. Treppen und eine Straße, die nach dem seinerzeit für den Bau der Siedlung verantwortlichen großherzoglich-hessischen Gewerberat Theodor Karl August Baentsch (1861–1913) benannt ist, führen unten von der Mombacher Straße steil hinauf auf die andere Seite, an die zur Wallstraße grenzende Seite der Siedlung. Dieser Weg war für Generationen von Kindern aus der Mainzer Neustadt eine willkommene Abkürzung in das oberhalb gelegene Taubertsbergbad.

Die Wohnanlage mit ihren gut erkennbaren, ganz unterschiedlichen Baustilen von Renaissance über Barock bis hin zum damals gerade aufkommenden Jugendstil ist ein Beispiel dafür, wie man sich die architektonische Lösung der Wohnungsfrage zur Wende des vorletzten Jahrhunderts vorstellte. Im Jahr 1905 für die Beamten-Baugenossenschaft mit hohem gestalterischen Anspruch errichtet, sind hier bezahlbare Wohnungen für Beamte und ihre Familien geschaffen worden. Nahezu unbeschädigt überstand der verwinkelte Komplex die Bombardierung des nahen Hauptbahnhofs während des Zweiten Weltkrieges und gilt inzwischen als eines der wenigen noch erhaltenen Zeugnisse der Bebauung der Mainzer Innenstadt zu Beginn des 20. Jahrhunderts. Heute verströmt die Siedlung ein wenig den Charme der Quartiere wie zum Beispiel Kreuzberg oder dem Quartier Latin, die man aber eher aus Großstädten wie Berlin oder Paris kennt.

Adresse Baentschstraße, 55122 Mainz-Hartenberg/Münchfeld | ÖPNV Bus 79, Haltestelle Baentschstraße | Tipp Der nicht weit entfernte Goethetunnel gilt als Eingangstor zur Neustadt. Seit seiner Neugestaltung 2012 bilden wechselnde Farbeffekte zu beiden Seiten einen interessanten Kontrast zur unverändert erhalten gebliebenen, über 130 Jahre alten Bausubstanz.

10 Das Barbarossa-Denkmal

Erinnerung an ein pompöses Fest

Die Maaraue liegt an der Mündung des Mains bei Kostheim. Flanieren die Mainzer auf »ihrer« Rheinuferpromenade, blicken sie auf die durch einen Main-Mündungsarm – dem früheren Floßhafen – vom Kostheimer Ufer getrennte Insel. Weil sie genau gegenüber der Mainzer Altstadt liegt, hat man von hier aus die beste Aussicht auf Mainz.

Das wusste wohl auch schon der deutsche Kaiser Friedrich Barbarossa (1122–1190). Sein von ihm auf der Maaraue im Jahr 1184 pompös gefeierter Hoftag soll das größte und prachtvollste Fest dieser Art in deutschen Landen gewesen sein. Auf dem Höhepunkt seiner Macht – so heißt es – war der wegen seines rötlichen Bartes auch »Rotbart« genannte Barbarossa Gastgeber für über 40.000 Ritter und nahezu alle gekrönten Häupter Europas. Die Maaraue war damit natürlich auch Austragungsort für die im Rahmen des Festes abgehaltenen Turniere und Ritterspiele. Gefeiert wurde die Schwertleite, die Aufnahme der kaiserlichen Söhne, Herzog Friedrich von Schwaben und König Heinrich VI., in den Ritterstand.

Unweit des Rheinufers, versteckt auf einer kleinen, im Sommer nahezu eingewachsenen Anhöhe, erinnert eine vom »Heimatverein Kostheim« zum 800-jährigen Jubiläum des Reichsfestes am 27. Mai 1986 auf der Maaraue aufgestellte, etwa 2,50 Meter hohe Säule aus rotem Sandstein an das Fest im Mittelalter. Gefertigt wurde sie von Auszubildenden des Hechtsheimer Ausbildungszentrums der Handwerkskammer.

Die Säule zeigt Barbarossa zwischen seinen Söhnen, unter den kaiserlichen Emblemen sitzend und mit Reichsapfel und Zepter ausgestattet. Um die Nachfolge zu sichern, wurde Heinrich schon 1169, noch als Kind, zum König gewählt und trägt deshalb Schwert und Krone. Die in den Stein gemeißelte Inschrift lautet: »Pfingsten 1184–1984 / zum 800jährigen / Jubiläum des Mainzer / Reichsfestes / Kaiser Friedrich Barbarossas / auf der Maaraue«.

Adresse Fußweg von der Franziska-Retzinger-Promenade, entlang der Spiel- und Grillwiese, hinter der Grillhütte, 55246 Mainz-Kostheim | **ÖPNV** Bus 33, 56, N7, Haltestelle Winterstraße, circa 15 Minuten Fußweg | **Tipp** Im Sommer lädt das Freischwimmbad Maaraue zur Abkühlung und zum auf den ausgedehnten Wiesen Ausruhen, Spielen und Grillen ein, www.wiesbaden.de.

11 Die Bar jeder Sicht

»Sichtbar leben« heißt Präsenz zeigen

Ausblick, aber auch Einblick, gewährt die große Fensterfront. Gemütlich sieht es aus da drin wie in einer ganz normalen Kneipe eben. An den großen, langen Tischen sitzen Männlein und Weiblein bunt gemischt miteinander, lachen, schwatzen, diskutieren.

Bar, Bistro, aber auch Vereinsheim oder schlicht Wohnzimmer für die Szene: Hier treffen sich viele Gruppen und Stammtische, herrscht aber auch normaler Barbetrieb. Offen für alle. Und mittlerweile sogar in einem Gutscheinheft vertreten. Ein Ort, an dem man sich ohne Berührungsängste akzeptiert fühlt. Besucher jeglicher Couleur – vom Studenten über den Kinoliebhaber bis zum für die verschiedensten Geschmäcker offenen Gourmet – finden den Weg hierher.

1999 wurde das LesBiSchwule Kultur- und Kommunikationszentrum gegründet, um einen Raum mit Beratungsangebot für die Mainzer Schwulen- und Lesbenszene ins Leben zu rufen. »Sichtbar« lautete der erste Name des Zentrums, als der finanzielle Grundstock geschaffen war. Dass der Name geschützt war, fiel erst später auf, eine neue Bezeichnung musste her. Die Wahl fiel auf »Bar jeder Sicht«. Die »Sichtbarkeit«, also auch die visuelle Wahrnehmung von Schwulen und Lesben, aber auch der mittlerweile verstärkt zur Klientel zählenden Bisexuellen, Transgender und Intersexuellen ist damit gemeint.

Bis heute organisiert sich der Verein selbst, die Kräfte im Service und in der Küche arbeiten ehrenamtlich.

Es gibt Bücher, deren Ausleihe ausdrücklich erwünscht ist. Außerdem ist ein umfangreiches Kulturangebot an der Tagesordnung. Jeden Mittwoch gibt es Schwulen-, Lesben- und Transgender-Kino im Bistro. Einmal im Monat finden ein Konzert und Karaoke sowie diverse Lesungen und Diskussionsveranstaltungen, meist mit schwullesbischem Inhalt, statt. Das professionelle Beratungsteam ist einmal wöchentlich vor Ort. Natürlich in einem extra Büroraum, getrennt vom Barbetrieb und mit eigenem Eingang.

Adresse Hintere Bleiche 29, 55116 Mainz-Altstadt | **ÖPNV** Bus 6, 64, 65, Haltestelle Neubrunnenplatz/Römerpassage | **Öffnungszeiten** Di–Do 18–24 Uhr, Fr–Sa 18–1 Uhr; Sommer Di–Sa ab 19 Uhr, Tel. 06131/5540165, www.sichtbar-mainz.de | **Tipp** Das Capitol Filmtheater und das Palatin sind Kinos, die zu wichtigen Kulturorten der Stadt geworden sind. Außer Filmen wird hier auch Musik, Literatur, bildende Kunst und abendliche Gesellschaft geboten. www.programmkinos-mainz.de

12 Der Baumstumpf am Backhaus

Woher der Kirschgarten seinen Namen hat

Der Bereich rund um den Kirschgarten bildet das malerischste Viertel der Mainzer Altstadt. Im Mittelpunkt des Platzes lenkt der vom Mainzer Verschönerungsverein 1932 gestiftete Marienbrunnen die Blicke auf sich. Achtlos aber gehen oft selbst Mainzer an dem kleinen, nahezu versteinerten Baumstumpf am früheren Backhaus vorbei. Und wenn er denn gesehen wird, weiß tatsächlich kaum jemand etwas Genaueres. Handelt es sich vielleicht um den Rest eines Kirschbaums, der dem Platz seinen Namen gegeben hat?

Es rankt sich der eine oder andere Mythos um das unauffällige Zeitzeugnis an der Wand des Hauses »Zum Beymberg«. Bereits 1657 als Backhaus bezeichnet, wurde im Zuge der Renovierung ein Stein mit Bäcker-Zunftwappen und Inschrift in die Hauswand eingelassen. Darauf steht: »Beymberg im Kirschgarten / genannt Backhaus zum Treppchen / 1472 / Renoviert im Jahre 1925 durch den Obermeister / Herm. Steyer«.

Nun lässt der Name des Viertels tatsächlich vermuten, dass sich in dem im Jahr 1329 erstmals urkundlich erwähnten Kirschgarten vor langer Zeit ein Garten befunden hat – in dem vielleicht auch Kirschbäume standen. Wahrscheinlicher ist jedoch, dass der Ursprung des Namens des mit Bürgerhäusern aus dem 15. bis 18. Jahrhundert umgebenen Platzes in der nahen Rochusstraße Nummer 9 liegt. Dort, am ehemaligen Rochushospital, dem ersten Mainzer Krankenhaus, ist nämlich die Kirschbornquelle entsprungen und weiter Richtung Platzanlage Kirschgarten im Altstadtviertel geflossen. Ob es die Kirschbornquelle heute noch gibt und wo sie gar verläuft, ist nicht bekannt. Sie könnte einfach versickert, überbaut oder kanalisiert worden sein. Ebenfalls nicht eindeutig geklärt ist die Art des Baumstumpfes: Aber er gehörte wohl eher nicht zu einem Kirschbaum, sondern zu einer Eiche.

Adresse Kirschgarten 19, 55116 Mainz-Altstadt | **ÖPNV** Bus 28, 54–57, 60–65, 70, 71, 90, 91, 99, Haltestelle Höfchen | **Tip** Von hier aus bietet sich ein gemütlicher Bummel durch die Gassen der Altstadt und die Einkehr in einer der typischen Mainzer Weinstuben an.

13 Der Beichtstuhl

Dämmerschoppen gegen Möbelstück?

Ein durstiger Küster der St.-Ignaz-Kirche soll in der unmittelbar benachbarten Weinstube regelmäßig seinen Schoppen genossen haben. Natürlich wurde eines Tages die Zeche fällig. Zur Schuldentilgung, so heißt es, habe er einen kunstvoll verzierten Beichtstuhl direkt aus der nur wenige Schritte entfernten Kirche geholt. Dieser sei dann handwerklich in die Wandvertäfelung des Lokals umgearbeitet worden.

Auch wenn an der gern erzählten und in der Weinstube nachzulesenden Geschichte tatsächlich nichts Wahres dran ist: Das dunkle, mit schönen Schnitzereien verzierte Holz kann seine Ähnlichkeit mit den tatsächlich noch vorhandenen Beichtstühlen in St. Ignaz nicht verleugnen. Wer die viel gerühmte Mainzer Gemütlichkeit mit klassischen Gerichten wie »Handkäs mit Musik«, »Spundekäs« oder »Fleischwurst« und hiesigem Wein erleben will, der geht gern in den »Beichtstuhl« in der Kapuzinerstraße. Ebenso wie in den anderen traditionellen Weinstuben wird auch hier so lange zusammengerückt, bis jeder seinen Platz gefunden hat.

An den Nachbarhäusern des »Beichtstuhls« fallen eingemeißelte Anker und Inschriften auf, die darauf hinweisen, dass in dieser Straße – bedingt durch die Nähe zum Rhein – früher bevorzugt Schiffer, Fischer und Fuhrleute zu Hause waren. Auch in der Nummer 30 sollen einmal Schiffsleute gelebt haben. Der Wein kam übrigens erst durch den Verkauf an den Winzer Conrad Hang aus Gau-Algesheim in das barocke Fachwerkhaus. Hang richtete im ersten Stock einen kleinen Saal und im Erdgeschoss die Weinstube mit besagter Holzvertäfelung ein.

Gekrönt ist die Schreinerarbeit aus dem Jahr 1910 mit einem hölzernen Bacchus, dem Gott des Weins, und einem Dämon mit stark betontem Riechorgan sowie einem unter einer Wanduhr schwebenden Engel. Die zum ursprünglichen Ensemble zählende barocke Eingangstür wurde während des laufenden Gastbetriebes im Jahr 1997 das Opfer von Langfingern.

Adresse Weinhaus »Zum Beichtstuhl«, Kapuzinerstraße 30, 55116 Mainz-Altstadt | **ÖPNV** Bus 60, 61, 71, 90, Haltestelle Holzturm/Malakoff-Passage | **Öffnungszeiten** täglich ab 16 Uhr | **Tipp** Besonders in der warmen Jahreszeit lädt die Mainzer »Spanische Treppe« unterhalb der Malakoff-Terrasse am Rhein zum Sehen und Gesehenwerden ein.

14 Die Berliner Mauer

Von der Spree an den Rhein

Als Tausende von Berlinern am 10. November 1989 die Mauer am Brandenburger Tor erklommen, war der erste Schritt zur Wiedervereinigung getan.

Doch wer heute nach Berlin kommt, fragt sich, wo denn eigentlich der überwiegende Teil der Mauer, die West- und Ost-Berlin auf einer Strecke von 43,1 Kilometern geteilt hat, geblieben ist.

Nun, zumindest ein Fragment davon ist auf dem Grünstreifen an der Auffahrt zur Theodor-Heuss-Brücke auf der Mainzer Rheinstraße zu finden. An dem besprühten Monument quält sich hier, unmittelbar am Fluss und damit an der Grenze zwischen Rheinland-Pfalz und Hessen, Tag und Nacht der Verkehr vorbei. Das Mauerfragment auf der grünen Insel wird aber, wohl wegen des an dieser Stelle komplizierten Einfädelungsverfahrens, selten wahrgenommen – ebenso wenig wie der »Berliner Meilenstein«, der noch zur Zeit des geteilten Deutschland hier aufgestellt wurde. Dass in seiner Nachbarschaft und so viele Jahre nach ihm ein historisches Betonfragment der Berliner Mauer platziert wurde, ist der Zeitung mit den vier großen Buchstaben im Namen zu verdanken. Zum 20. Jahrestag des friedlichen Mauerfalls hatte sich der Verlag insgesamt 16 originale Fragmente des Bauwerks gesichert. Jedem Bundesland wurde eines davon geschenkt. Die Stadt Mainz hat es ebenso wie das Land Rheinland-Pfalz gefreut.

Das 3,60 Meter hohe und 2,7 Tonnen schwere Element zählt zu den wahrscheinlich letzten gut erhaltenen Stücken. Es wird einerseits als Erinnerung an den Kalten Krieg, den Mauerbau und den Schießbefehl gesehen und soll andererseits auch an die friedliche Überwindung der Berliner Mauer vor über 20 Jahren erinnern.

Das Mauerdenkmal steht in unmittelbarer Nachbarschaft des Landesparlaments und ist damit als besonderes Symbol für Freiheit und Demokratie, aber auch als Mahnmal für deren immerwährende Gefährdung bestens positioniert.

Adresse Rheinstraße, 55116 Mainz-Altstadt | **ÖPNV** Bus 6, 9, 28, 54-57, 68, 70, 91, 99, Haltestelle Brückenplatz | **Tipp** Auf der anderen Seite der Rheinstraße befindet sich der Eisenturm. Hier finden wechselnde Kunstausstellungen statt, www.kunstverein-eisenturm-mainz.de.

15 Das Bischofshaus

Hier hat auch schon der Papst residiert

Für rund 24 Stunden hat Papst Johannes Paul II. im Jahr 1980 in der Villa Am Rosengarten gewohnt. Auf seiner fünftägigen Deutschlandreise machte er dort vom 16. auf den 17. November Station. Er war Gast des damaligen Bischofs von Mainz, Kardinal Hermann Volk. Am Sonntag feierte er mit rund 250.000 Gläubigen auf dem Gelände des früheren amerikanischen Militärflughafens in Mainz-Finthen eine Messe.

Die heute von Mainzern noch »Bischofshaus« genannte Villa steht in der Nachbarschaft des Mainzer Stadtparks, im Grüngürtel in der Oberstadt. Auf dem parkähnlichen Grundstück ließ der Hauptmann a. D. Johann Albert Metzke 1910 ein Wohnhaus mit 34 Zimmern bauen. Dazu zählten ein Haupt- und ein Nebengebäude sowie Vorbauten wie Wintergarten und Pavillons. Nach dem Tod des Bauherrn 1913 folgte eine Reihe von Besitzerwechseln. Nach dem Ersten Weltkrieg von den Franzosen beschlagnahmt, wurde das Haus in den nächsten Jahren für Büro- und Wohnzwecke von Offizieren des französischen Generalstabs genutzt. Ein katholisches Frauenseminar der Mutter- und Wohlfahrtsschule übernahm es ab 1931. Durch Fliegerangriffe beschädigt, erfolgte die Instandsetzung bis 1950. Für knapp drei Jahre, von 1952 bis 1955, war die Villa im Besitz des in Mainz ansässigen Unternehmens Werner & Mertz AG (Erdal).

1955 schließlich wurde es vom Bistum Mainz erworben, um es als Bischöfliches Palais zu nutzen. Dem damaligen Bischof Dr. Albert Stohr (1890–1961) war es in seiner Wohnung in der Domstraße zu eng geworden. Sein ehemaliges Palais am Bischofsplatz war bei dem Bombardement von 1942 allerdings stark beschädigt worden und wurde nicht wiederaufgebaut. Er bezog das Haus Am Rosengarten noch im Sommer 55. Sein Nachfolger, Hermann Kardinal Volk (1903–1988), residierte hier ebenfalls während seiner Amtszeit. Der Besuch des Papstes zählt zu den Höhepunkten in der Geschichte des Bischofshauses, das heute in Privatbesitz ist.

Adresse Am Rosengarten 2, 55131 Mainz-Oberstadt | **ÖPNV** Bus 62, 63, Haltestelle Rosengarten | **Öffnungszeiten** nur von außen zu besichtigen | **Tipp** Lohnenswert ist von hier aus ein Spaziergang im tatsächlichen Rosengarten, der ein Teil des Mainzer Stadtparks ist. Der Zugang ist nur wenige Meter vom Bischofshaus entfernt.

16 Das Brockenhaus

Dauerflohmarkt im Gebrauchtwarenhaus

»… Sammelt die übrigen Brocken, damit nichts umkommt«, leitete Jesus seine Jünger an, heißt es in einem Bibelzitat in Johannes 6,12. In Anlehnung daran ist der daraus abgeleitete Begriff »Brockenhaus« – oder kurz »Brocki« – in der Schweiz eine landestypische und damit gängige Bezeichnung für Gebrauchtwarenläden.

In Deutschland ist der Begriff nahezu unbekannt. Nicht so in Mainz. Beim Blick in den Hinterhof der Boppstraße 4 tut sich ein charmantes Durcheinander auf: Fahrräder unterschiedlichsten Alters, auf die nächsten Sonnentage wartende Liegestühle, Tennisschläger, ein Vogelhäuschen – und daneben ein Ölgemälde. »Alles außer Klamotten gibt es hier immer irgendwann mal«, sagt Inhaber Stefan Schmidt auf die Frage, was denn so alles in seinem Brockenhaus zu finden sei.

Etwas Zeit sollte man schon mitbringen, dann lässt es sich im Hinterhaus auf mehreren Ebenen wunderbar stöbern und Schätze entdecken. Der ebenfalls mit Gebrauchtwaren bestückte Gewölbekeller reicht vom Hinterhaus bis unter die Boppstraße. Auf insgesamt 300 Quadratmetern lagern die in erster Linie aus Haushaltsauflösungen oder Entrümpelungen stammenden Schätze, aber meist nicht lange. Wer sich einmal auf den knarrenden Dielen zwischen alten Sofas und Lampen, Schmuck und Wandgemälden, Schallplatten und Büchern, Büchern und nochmals Büchern bewegt und umgesehen hat, kommt wieder.

Vom Studenten, immer eher auf der Jagd nach günstigen, alltagstauglichen Gebrauchsgegenständen, über die Mama mit Kleinkind, die »einfach nur mal gucken« will und dann ganz glücklich mit Omas altem Nähkasten inklusive Knöpfen und Nähzubehör von dannen zieht, bis zum passionierten Flohmarktfreak wird hier jeder froh. Vielleicht ja auch durch den Gedanken an eingangs erwähntes Zitat: Zufällig wird mit den hier getätigten Lustkäufen ja auch tatsächlich etwas Positives zum ökologischen Kreislauf beigetragen.

Adresse Boppstraße 4, 55118 Mainz-Neustadt | **ÖPNV** Bus 9, 58, 68, 76, 92, Haltestelle Neubrunnenstraße | **Öffnungszeiten** Di–Fr 11–19 Uhr, Sa 11–16 Uhr, Tel. 06131/612476 | **Tipp** Als Alternative oder Ergänzung zum Gebrauchtwarenhaus empfiehlt sich der Krempelmarkt am Rheinufer, der von April bis Oktober jeden ersten und dritten Samstag im Monat, im Winter nur jeden dritten Samstag stattfindet.

17___Das Bruchwegstadion

Ruhigere Zeiten für die Grande Dame

Das Bruchwegstadion soll weiter die Heimat von Mainz 05 sein, auch wenn seit August 2011 alle Bundesliga-Heimspiele in der Coface Arena in Mainz-Bretzenheim ausgetragen werden. Mit der neuen Arena sind für das bereits im Jahr 1929 erbaute Stadion ziemlich ruhige Zeiten angebrochen. Die längste Zeit seines Bestehens spielte die »Bezirkssportanlage Mitte«, wie das Stadion offiziell ganz nüchtern heißt, in der öffentlichen Wahrnehmung ohnehin eine eher geringe Rolle. So richtig in die Schlagzeilen kamen das kleine Stadion und sein sukzessive erfolgreich werdender Verein eigentlich erst durch ihre Fans, die »ihre« 05er mit dem Gute-Laune-Song »Wir sind nur ein Karnevalsverein« unterstützten. Gegnerische Mannschaften wurden förmlich ins Abseits gelacht; das Stadion wurde zum »Hexenkessel« – und mit dem Verein über die Stadt hinaus bekannt. Tatsächlich sind viele Zuschauer der Heimspiele von Mainz 05 weniger wegen des sportlichen Ereignisses als wegen der besonderen Atmosphäre gekommen.

Und nun ist die Zeit des Trubels im früher kleinsten Spielort der Liga auch schon wieder vorbei. Denn, so paradox es klingt: Jeder einzelne Erfolg trieb den Abschied der Profis von der allgemein so lieb gewonnenen Mainzer »guten Stube« voran. Je weiter sich der Verein durch den Aufstieg in die Fußball-Bundesliga im Jahr 2004 entwickelte, desto höher wurden die Anforderungen an das Stadion. Immer mehr wollten teilhaben am Fußball-Event mit Party-Stimmung. Und obwohl in Etappen immer weiter ausgebaut, waren nicht alle Bedürfnisse unter einen Hut zu kriegen.

Nun haben die »großen« 05er und ihre Fans ein neues Zuhause. Statt 20.300 Fans – wie am Dr.-Martin-Luther-King-Weg – können in der neuen Arena rund 34.000 Fans die Bundesliga-Heimspiele live erleben. Wie in einem Wohnzimmer fühlt man sich da nicht gerade. Und ein Karnevalsverein will man auch nicht mehr so wirklich sein.

Adresse Dr.-Martin-Luther-King-Weg, 55122 Mainz-Hartenberg/Münchfeld | **ÖPNV** Bus 45, 64, 65, 91, Haltestelle King-Park-Center/Bruchwegstadion | **Öffnungszeiten** Der Spielrasen im Stadion ist den U-23- und U-19-Mannschaften für ihre Spiele der 3. Liga bzw. der A-Junioren-Bundesliga Südwest und dem Training der Profis vorbehalten. Wer Stadionatmosphäre schnuppern will, informiert sich auf der Webseite www.mainz05.de über die Termine. | **Tipp** Ein Blick in die Coface Arena ist im Rahmen der regelmäßig angebotenen öffentlichen Stadionführungen möglich, Kontakt unter Tel. 06131/37550443 und stadionfuehrungen@mainz05.de.

18 Der Brunnen

Quellkartoffeln und Hering im sprudelnden Nass

Als seinerzeit größte deutsche Festung links des Rheins wurde Mainz über die Jahrhunderte immer wieder von den Franzosen belagert oder besetzt. Als sich die Besatzungstruppen 1930 ins Nachbarland zurückzogen, war die Freude groß. So groß, dass der Mainzer Verschönerungsverein extra einen Wettbewerb für einen Brunnen ausschrieb, der aus diesem Anlass gestiftet werden sollte.

Bis heute ist auf dem Fischtorplatz der realisierte Siegerentwurf des Architekten Rudolf Schreiner zu sehen. Die Mainzer Bürger haben ihm ihren eigenen Namen gegeben. Schnell hat man in den zwei dicken, aus Muschelkalk bestehenden Steinkugeln und den darauf thronenden Bronzefischen eines der Mainzer Nationalgerichte erkannt.

Der Brunnen ist allgemein als »Quellkartoffele un Hering« bekannt. Es handelt sich dabei um ein Gericht, das nicht nur zum Ende der Fastnachtszeit, am Aschermittwoch, gerne serviert wird, sondern auch ansonsten regelmäßig auf den Speisekarten der hiesigen Restaurants zu finden ist.

Der Fischtorplatz gilt als »Vorplatz zum Rhein«. Mit seinem Namen steht er für den früher in Ufernähe abgehaltenen Fischmarkt mit dem lange Zeit als Schuldgefängnis dienenden Fischturm und dem Fischtor. Beide wurden zugunsten einer freien Sicht vom Rhein auf den Dom 1847 abgerissen. Als letzte Spur des Fischturms gilt sein auf der anderen Seite der Rheinstraße ins Pflaster der Fischtorstraße (Fußgängerzone) eingelassener Grundriss.

Die weitläufige Platzanlage aus der Gründerzeit ist umgeben von großbürgerlichen Häusern der Epoche. Und wenn im Juni jeden Jahres eines der größten Mainzer Volksfeste, die vier Tage währende Mainzer Johannisnacht zu Ehren Johannes Gutenbergs, dem größten Sohn der Stadt und Erfinder der Buchdruckkunst, auf diesem Platz gefeiert wird, ist der ovale Brunnen mit seinen Fontänen hinter den vielen Buden und Karussells kaum noch zu erahnen.

Adresse Fischtorplatz, 55116 Mainz-Altstadt | **ÖPNV** 60, 61, 71, 90, Haltestelle Fischtor | **Tipp** Wer im Zusammenhang mit diesem Thema Lust auf frischen Fisch bekommen hat, kehrt bei Fisch Jackob, dem seit 1897 in Mainz beheimateten Fischgeschäft mit angegliedertem Restaurant in der Fischtorstraße 5 (Geschäft) und 7 (Restaurant), ein, www.fischjackob.de.

19 _ Der Bücherschrank

Lesekultur im Sicherungskasten

Zwischen dem Kunstreiseführer »Mallorca« und einem Rechtschreibduden älteren Datums verspricht der Titel »Willkommen Zärtlichkeit« von Françoise Sagan leichtere Kost. Ob Kinderbuch, Kitschroman oder Bildband – auf dem Feldbergplatz wird jeder fündig. Ohne Ausleihzettel und ohne Rückgabefrist!

Untergebracht ist der Lesestoff in einem Stromverteilerkasten. In dessen Vorleben haben nur Sicherungs- und Schaltelemente zur Verteilung elektrischer Energie eine Rolle gespielt. Dass aus dem Relikt ein heute lebhaft genutzter und immer wieder überraschend gut sortierter Bücherschrank wurde, ist dem Künstlerduo Clegg & Guttmann zu verdanken. Michael Clegg, geboren 1957 in Dublin, und Martin Guttmann, geboren 1957 in Jerusalem, wurden zum Kultursommer 1994 von der Stadt Mainz eingeladen, ihr Konzept auf dem Feldbergplatz umzusetzen.

Dahinter stand die Idee, in der Öffentlichkeit an bestimmten, gut besuchten Plätzen für jedermann frei zugängliche Bücherschränke aufzustellen. Gefüllt und genutzt werden sie von den Bewohnern der umliegenden Häuser oder Spaziergängern. Jeder Besucher darf Exemplare aus den öffentlichen Bücherschränken herausnehmen, kann sie wieder zurückbringen und soll insbesondere auch eigene hineinstellen.

Eine Betreuung oder gar Kontrolle findet nicht statt. Und trotzdem funktioniert das System geradezu vorbildlich. Denn diese offene Bibliothek »lebt« und ist ein zentraler Ort der Kommunikation und des intellektuellen Austauschs, mit alternativem bildungspolitischem Ansatz. Sie entwickelt sich ständig weiter und ist damit die gelebte Umsetzung eines ursprünglich als Kunstobjekt begonnenen Projekts.

Der aktivierende Einbezug des Benutzers als (Mit-)Gestalter des Objekts ist ein fast durchgängiges Prinzip der Installationen von Clegg & Guttmann. Künstlerisches Verständnis zur Benutzung wird aber nicht vorausgesetzt.

Adresse Feldbergplatz, Ecke Taunusstraße, 55118 Mainz-Neustadt | **ÖPNV** Bus 58, 70, Haltestelle Feldbergplatz/Stadtwerke Mainz AG | **Tipp** Alles, was über Mainz und die Region Rheinhessen publiziert wird, kann frei zugänglich in der Wissenschaftlichen Stadtbibliothek Mainz (www.bibliothek.mainz.de unter »A–Z Regionalliteratur«) ausgeliehen werden.

20 Die Büste

Passender Rahmen für den Kardinal

Er ist ein besonders belebter Platz, der Bereich im oberen Teil der Stadthausstraße vor der Römerpassage. Mittendrin umrahmt eine Stele schützend den in Bronze gegossenen Kopf des früheren Kardinals von Mainz, Hermann Kardinal Volk (1903–1988).

Ernst, fast erschöpft wirkt sein Gesicht, die Augen sind gar geschlossen. So, als verwehre er sich gegen das rege Treiben und Gewusel in der Fußgängerzone um ihn herum. Und tatsächlich. Die Passanten strömen an ihm vorüber, scheinen ihn nicht wahrzunehmen.

Was bisher leider auch für den Lieferverkehr galt: Bereits mehrfach wurde die Stele auf dem vom Zulieferverkehr befahrbaren Platz von unachtsamen Kraftfahrern ramponiert, mehrfach musste sie zur Reparatur. Und zum wiederholten Male wurde sie wieder aufgestellt.

So wie der Kardinal mitten unter den Menschen der Stadt lebte, so soll der 2004 nach ihm benannte Platz an seine Persönlichkeit und sein Wirken erinnern. Die von dem Bildhauer Karlheinz Oswald 1986 geschaffene Büste ist eine Schenkung des Bistums an die Stadt und wurde 2005 eingeweiht.

Aus der Vergangenheit klug geworden, bekam die im April 2012 nach längerer Reparatur erneut aufgestellte, rund 300 Kilogramm schwere Bronzestele zwei Bänke als seitlichen Schutz. Was eine echte Verbesserung ist: Mit diesem Ensemble wird der Bereich endlich seiner Bezeichnung als »Platz« gerecht.

Hermann Kardinal Volk war 1962 zum Bischof von Mainz ernannt und 1973 von Papst Paul VI. zum Kardinal erhoben worden. Nach Erzbischof Konrad I. von Wittelsbach (um 1130–1200) und Erzbischof Albrecht von Brandenburg (1490–1545) war er der dritte Kardinal von Mainz. Er gilt bis heute als einer der Väter der Ökumene und hat damit Kirchengeschichte geschrieben. Wegen großer Verdienste um die Stadt wurde er 1975 zum Ehrenbürger von Mainz ernannt. Mit seiner Entpflichtung im Jahr 1982 endete seine mehr als 20-jährige Amtszeit.

Adresse Kardinal-Volk-Platz, 55116 Mainz-Altstadt | **ÖPNV** Bus 6, 64, 65, Haltestelle Neubrunnenplatz/Römerpassage | **Tipp** Der Künstler der Büste, Karlheinz Oswald, schuf neben der nur zu bestimmten Anlässen zugänglichen Grabplatte Volks (Bischofsgruft im Dom) beispielsweise auch die Skulptur »Gutenberg an der Presse« vor der Ruine der St.-Christophs-Kirche sowie die »Rheintöchter« am Fort Malakoff Park.

21 Die Caponniere

Kaffee trinken hinter Schießscharten

Wie eine kleine Burg steht sie da, unter großen Bäumen zwischen Feldbergplatz und Rhein. Eine echte Bewährungsprobe hatte der 1887 errichtete Festungsbau aber nie zu bestehen. Zum Glück. Einem Angriff mit schwerer Artillerie hätte die Caponniere – aus dem Lateinischen von »caput« (Kopf) –, die gegen Angriffe vom Rhein schützen sollte, wohl kaum standgehalten.

In dem zur Kneipe umfunktionierten Innenraum lässt sich heute unter gemauerten Rundbögen zwischen Kanonenhaken und Schießscharten und vor prasselndem Kaminfeuer historische Atmosphäre schnuppern.

Errichtet wurde das Relikt als Teil der zwischen 1873 und 1879 entstandenen Rheinkehlbefestigung. Städtebauliches und militärisches Unikum zugleich, erstreckte sich die Festungsanlage parallel zum Rheinufer, auf der Strecke zwischen dem Zoll- und Binnenhafen und dem Winterhafen. Stadtbaumeister Eduard Kreyßig begann mit dem Bau der Anlage entlang der im Zuge der Rheinregulierung abgewonnenen Ufererweiterung vor der Altstadt. Die Befestigungslinie wurde im Zuge der Neustadterweiterung auch nach Norden fortgesetzt. Zu diesem Teil des Baus gehört die an das Feldbergtor grenzende Caponniere am ebenfalls infolge der Rheinuferaufschüttung entstandenen Feldbergplatz. Zwischen dem Hafentor am Winterhafen und dem Templertor vor der Altstadt bestand die durchgehende Befestigung aus einer mit Schießscharten versehenen Mauer. Erst ab dem Templertor und von dort bis zum Mühltor grenzte ein auf einem Sockel stehender, zwei Meter hoher Eisengitterzaun das Rheinufer von der Stadt ab. Zur Befestigung gehörten zwölf Tore, von denen acht heute noch erhalten sind.

Durch die Auflassung der Festung Mainz im Jahr 1907 wurde ihre militärische Bedeutung hinfällig. Im Schatten der Reste der historischen Mauern lässt es sich heute entlang der in weiten Teilen neu gestalteten Rheinpromenade flanieren.

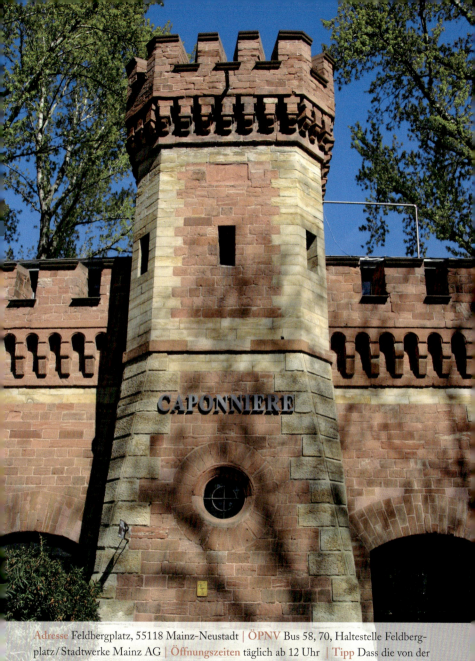

Adresse Feldbergplatz, 55118 Mainz-Neustadt | **ÖPNV** Bus 58, 70, Haltestelle Feldbergplatz/Stadtwerke Mainz AG | **Öffnungszeiten** täglich ab 12 Uhr | **Tipp** Dass die von der Rheinkehl-Befestigung verbliebenen Stadttore nicht nur symbolischen Charakter hatten, zeigen die erhalten gebliebenen Gebrauchsspuren. Eine Spurensuche lohnt sich. Interessante Hindergrundinformationen bietet die Internetseite www.festung-mainz.de.

22__Das Chausseehaus

Wo Goethe als Kriegsbeobachter residierte

»Der Bewohner von Mainz darf sich nicht verbergen, dass er für ewige Zeiten einen Kriegsposten bewohnt: alte und neue Ruinen erinnern ihn daran«, erklärte Johann Wolfgang von Goethe in seinem Augenzeugenbericht mit dem Titel »Belagerung von Mayntz«. Und tatsächlich wurde das Bild der Stadt seit der Zeit der Römer von Verteidigungsbauwerken unterschiedlichster Dimensionen geprägt und das Leben der Mainzer von ihnen bestimmt. Goethe leitete daraus auch für die Zukunft ab, »dass Mainz und das Militär untrennbar zusammengehören«.

Zwischen Mai und Juli 1793 war der Dichter als eine Art »Kriegsberichterstatter« und offizieller Beobachter der Belagerung nach Mainz gekommen. Die Zerstörung der damaligen kurfürstlichen Residenzstadt des vergehenden Heiligen Römischen Reiches durch eine Armee hessischer, sächsischer, preußischer und österreichischer Soldaten erlebte er im Chausseehaus Marienborn. Dieses war so weit vom Kampfgeschehen entfernt, dass er sich bei der Beobachtung der Rückeroberung durch die Reichsarmee relativ sicher fühlen durfte.

Errichtet wurde das Haus im Jahr 1774 als Zoll- und Pferdewechsel-Station. Heute thront es eher *über* statt *an* der »Chaussee«. Die unterhalb daran vorbeiführende »Pariser Straße«, die heutige A63, wurde unter dem französischen Kaiser Napoleon als Direktverbindung zwischen Mainz und Paris ausgebaut.

Goethe zog am 27. Mai 1793 im Tross des Herzogs Karl August von Sachsen-Weimar in das Wohn- und Dienstgebäude des Chausseewärters. Aufgrund seiner exponierten Lage am Rand des Hügels bot das Gebäude einen idealen Ausblick auf die bereits 1792 durch die Franzosen besetzte Stadt. »Fortgesetztes Bombardement gegen den Dom … rauchende Stellen untröstlichen Anblicks«, notierte der Dichterfürst, während prachtvolle Bauwerke wie die Liebfrauenkirche oder das Lustschloss Favorite unwiderruflich zerstört wurden.

Adresse Am Ortsrand von Marienborn, oberhalb der B40, Chausseehaus 1, 55127 Mainz-Marienborn | **ÖPNV** Bus 6, 70, Haltestelle Pfarrer-Dorn-Straße | **Öffnungszeiten** Das Chausseehaus ist in Privatbesitz und nicht zugänglich. | **Tipp** Marienborn wird seit über 700 Jahren von Wallfahrern besucht. Interessant ist deswegen ein Abstecher zur Wallfahrtskirche St. Stephan (Im Borner Grund) mit dem Gnadenbild der »Trösterin der Betrübten«.

23 Das nie eingeweihte Denkmal

Zum Gedenken an das Patenschiff der Stadt

1909 lief in Stettin ein »Kleiner Kreuzer« der Kolberg-Klasse vom Stapel, in der erstmals alle Schiffe Turbinenantrieb besaßen. Wie ihre Vorgänger der Dresden-Klasse wurden auch die 1906/1907 entworfenen »Kleinen Kreuzer« der kaiserlichen Marine nach deutschen Städten benannt. Als Bürgermeister von Mainz von 1905 bis 1919 kam Karl Emil Göttelmann (1858–1928) die Aufgabe zu, den für circa 379 Mann Besatzung gedachten Kreuzer auf den Namen »Mainz« zu taufen und damit zum Patenschiff der Stadt zu machen.

Schon im ersten Seegefecht bei Helgoland wurde das in der Mündung der Ems stationierte Schiff von britischen Kriegsschiffen am 28. August 1914 versenkt. 89 Tote, darunter der Kommandant der Mainz, Kapitän zur See Wilhelm von Paschen (1870–1914), waren zu beklagen. Der englische Zerstörer »HMS Lurcher« rettete circa 200 Überlebende. Unter ihnen auch Oberleutnant zur See Wolfgang von Tirpitz, Sohn des Oberbefehlshabers der Kriegsmarine des Deutschen Reiches, Großadmiral Alfred von Tirpitz. Um dem Vater ein Lebenszeichen zu übermitteln, nahmen die Engländer mit Berlin Verbindung auf und kabelten: »Kreuzer Mainz versenkt, Sohn wohlauf«. Am 30. August 1914 sollen 17 Marinesoldaten der »Mainz« und der versenkten »Köln« am Weststrand von Sylt angetrieben worden sein.

In Gedenken an den Untergang der »Mainz« wurde 25 Jahre später ein aus rotem Sandstein gefertigtes Ehrenmal am Adenauer-Ufer aufgestellt, auf dessen Spitze ein Seeadler thront. Weit lässt er den Blick in die Ferne schweifen. In goldenen Lettern ist in der Kaimauer darunter »Seefahrt ist not« zu lesen. Als Ende August 1939 die Einweihung des Denkmals erfolgen sollte, schwelten bereits tiefdunkle Kriegswolken am Horizont. Das Monument hat zwar alle geschichtlichen Untiefen seither gut überstanden, zur Einweihung kam es jedoch bis heute nicht.

Adresse Adenauer-Ufer, 55116 Mainz-Altstadt | **ÖPNV** Bus 60, 61, 71, 90, Haltestelle Fischtor | **Tipp** Original-Uniformen der Besatzung des Kreuzers »Mainz« sowie die von der Familie übergebene persönliche Feldflasche des letzten Kapitäns der »Mainz«, Wilhelm Paschen, sind im Garnisons-Museum zu betrachten, das auf Anfrage besichtigt werden kann (Kontakt: Wolfgang Balzer, Tel. 06249 / 7908).

24 Die Drehbrücke

Verbindung zwischen Altstadt und Mole

Eine der ältesten beweglichen Brücken Deutschlands führt über den Winterhafen. Seit 1877, also zwölf Jahre nach ihrer Eröffnung im Jahr 1865, wird die Hafeneinfahrt von der zweiflügligen Passerelle überspannt. Während die wegen der schmalen Hafeneinfahrt asymmetrisch gestaltete Drehbrücke einst die Schiffsdurchfahrt bei jedem Wasserstand gewährleistete, ist der 37 Meter lange Übergang in der Gegenwart eher für die vielen Jogger, Spaziergänger und Fahrradfahrer von Interesse, um von der Altstadt zum Victor-Hugo-Ufer mit seiner Grünfläche zu gelangen.

Anlässlich der Erneuerung des Brückenträgers wegen Sprödbruchgefährdung im Jahr 2009 wurde auch der seit 1996 defekte, im freistehenden runden Pfeiler untergebrachte Drehmechanismus durch eine hydraulische Anlage ersetzt. Im Hafenbecken des früheren Sicherheitshafens sind heute Hausboote vertäut und fahren schnittige Sportboote ein und aus. Deswegen wird die Brücke nur noch bei Bedarf und dann per Funksteuerung gedreht. Außerdem muss sich die »Grande Dame des Hafens« in einem Rhythmus von etwa fünf Jahren bewegen: Da für den in einer Rheinkurve liegenden Hafen die ständige Gefahr der Versandung besteht, wird das Hafenbecken regelmäßig ausgebaggert.

1856 nach Planungen des damaligen Stadtbaumeisters Josef Laske erbaut, erklärt sich der Name »Winterhafen« aus seiner früheren Funktion: Entstanden im Rahmen der Rheinuferaufschüttung, fanden hier ab Mitte des 19. Jahrhunderts in erster Linie jene Schiffe Schutz, die den Rhein wegen Eisgang im Winter nicht befahren konnten. Der Hafen ist auch als Vorgänger des Zoll- und Binnenhafens zu sehen. Wegen seines geringen Volumens war er für einen Güterumschlag in größerem Umfang jedoch nicht geeignet. Seine Epoche als Schutz- und Handelshafen hatte 1887 endgültig ein Ende. Denn dann wurde im Zoll- und Binnenhafen nach siebenjähriger Bauzeit die Arbeit aufgenommen.

Adresse Dagobertstraße / Victor-Hugo-Ufer, 55116 Mainz-Altstadt | **ÖPNV** Bus 60, 61, 71, 90, Haltestelle Holzturm / Malakoff-Passage | **Tipp** Ein echter Klassiker ist der sogenannte 3-Brücken-Weg. Von hier geht es über die bereits stromaufwärts zu sehende Eisenbahnbrücke, dann über den Main und über die Theodor-Heuss-Brücke zurück nach Mainz.

25 Der Druckladen

Hier wird Gutenbergs Erbe gelebt

Im scharfen Kontrast zur Arbeit am Bildschirm lässt es sich in dem zum Gutenberg-Museum gehörenden Druckladen ganz praktisch auf Gutenbergs Spuren wandeln und eine angenehme Begleiterscheinung erleben: Denn wer in der historischen Druckwerkstatt Letter für Letter in Handarbeit aneinandersetzt und dabei Wörter, Zeilen und Kolumnen entstehen sieht, entschleunigt.

Die Ausstattung des Druckladens stammt aus aufgelösten Sammlungen, Druckereien oder Redaktionen. Auch wenn die Räume durch die alten Setzschränke oder Pressen aus der zweiten Hälfte des 19. Jahrhunderts den Hauch eines Museums verströmen – eine Nostalgieeinrichtung ist diese Einrichtung nicht. Anfassen, anpacken und kreativ sein ist hier erwünscht. Geräusche und Gerüche der Werkstatt sollen »erfahren«, die Tradition des alten Buchdruckverfahrens wachgehalten werden. Ob Einzelperson oder Schulklasse: Fachlich angeleitet kann hier jeder – zum Beispiel an der über 100 Jahre alten Kniehebelpresse, auf der eine Seite der Gutenberg-Bibel gedruckt werden kann – experimentieren.

Alle Sinne sind gefragt, wenn es um die Anordnung von Lettern aus raren Schriftsätzen, die Qualität des Papiers oder die Intensität der Farbe geht. In der »Frottage-Abteilung« experimentiert der Besucher mit einer Durchdrucktechnik mit Hilfe von Schablonen auch in größeren Formaten. Und eine »Setzergasse«, in der den Profis beim Arbeiten über die Schulter geschaut werden kann, gibt es auch.

Mit einem Missverständnis wird auch gleich aufgeräumt: Heißt es doch, Gutenberg habe den Druck mit beweglichen Lettern erfunden. Im Druckladen wie auch im Museum, also quasi unmittelbar an der »Quelle«, erfährt der Besucher, dass dies nicht der Fall ist. Denn Gutenberg hat »nur« eine Form der Manufaktur, der vorindustriellen Herstellung, erfunden. Dazu zählen die Metalllegierung, das Handgießinstrument und auch die berühmte Gutenberg-Presse.

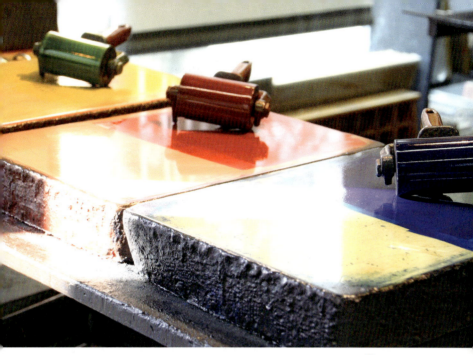

Adresse Liebfrauenplatz 5, Eingang Seilergasse 1, 55116 Mainz-Altstadt | **ÖPNV** Bus 28, 54–57, 60–65, 70, 71, 90, 91, 99, Haltestelle Höfchen/Listmann | **Öffnungszeiten** Mo–Fr 9–17 Uhr, Sa 10–15 Uhr und nach Vereinbarung | **Tipp** Ein Besuch des zum Druckladen zählenden Gutenberg-Museums empfiehlt sich, www.gutenberg-museum.de.

26 Der Drususstein

Monument für den römischen Feldherrn

Drusus, geboren 38 vor Christus, führte als Oberbefehlshaber des römischen Heeres am Rhein im Jahr 9 vor Christus einen Feldzug zur Elbe an – und stürzte vom Pferd. 30 Tage nach seinem Sturz erlag der Stiefsohn des Kaisers Augustus und Bruder des späteren Kaisers Tiberius seinen Verletzungen.

Sein Leichnam wurde nach Mogontiacum, dem heutigen Mainz und damaligen festen, von Drusus 13/12 vor Christus erbauten Standquartier des römischen Militärs, überführt, die Leiche zur Verehrung aufgebahrt. Ihre Gedenkfeier hielten die Legionen im »Römischen Theater« ab, unterhalb der heutigen Zitadelle. Eiligst überquerte Bruder Tiberius die Alpen und traf Vorbereitungen, um den toten Bruder im Anschluss nach Rom überführen zu lassen.

Die Verherrlichung von Drusus nahm nach seinem Tod im römischen Mainz zu und wurde bis zum Abzug der Römer wachgehalten. Vermutlich zwischen den Jahren 4 und 6 nach Christus erbauten die verbliebenen Truppen auf einer Anhöhe das zu jener Zeit weithin sichtbare Ehrengrab, den ursprünglich 30 Meter hohen Drususstein. In seiner ursprünglichen Form als zylindrischer Bau auf einem quadratischen Sockel stehend, war der Standort des Eichelsteins, wie er gleichfalls genannt wurde, zu jener Zeit allerdings wesentlich exponierter denn heute. Schließlich führte die Ausfallstraße zum Lager der Römer in Weisenau unmittelbar daran vorbei.

Heute ist das, was vom Drususstein übrig blieb, neben dem Eingang zum Stadthistorischen Museum an der Südwestseite der Zitadelle zu finden. Das Denkmal zählt zu den eindrucksvollsten materiellen Hinterlassenschaften der Römer in Mainz. Das frühere Aussehen des Leergrabes kann allerdings nur noch erahnt werden. Denn bis man sich des historischen Werts des Denkmals bewusst wurde, diente der Drususstein als eine Art Steinbruch. Drusus ist übrigens im Augustus-Mausoleum, der Grabstätte seiner kaiserlichen Familie in Rom, beigesetzt.

Adresse Zitadelle, neben dem Stadthistorischen Museum, Bau D, 55131 Mainz-Oberstadt | **ÖPNV** Bus 64, 65, 90, 92, Haltestelle Zitadellenweg/Bahnhof Römisches Theater | **Tipp** Im unmittelbar daneben befindlichen Stadthistorischen Museum wird im Drusus-Zimmer eine Dauerausstellung zu »Leben und Bedeutung des römischen Feldherrn« angeboten, www.stadtmuseum-mainz.de.

27 Die Ein-Mann-Bunker

Stumme Zeugen aus Beton

In der Mitte der Zitadelle markieren sie den Eingang eines früheren Luftschutzbunkers. Wer sein Auto auf dem großen Parkplatz gegenüber dem Gebäude E, der früheren, 1914 errichteten Doppelkompaniekaserne, parkt, hat die merkwürdigen, teils über zwei Meter hohen Gebilde sogar mitunter als direkte »Nachbarn«. Es handelt sich um die zwei einzigen noch in Mainz verbliebenen Ein-Mann-Bunker.

Als kleinste Schutzbauten überhaupt fanden die manchmal auch Splitterschutzzelle, frei stehender Einzelschutzraum oder Luftschutzstand genannten Bunker im Zweiten Weltkrieg vor allem Verwendung, um Bahnhofspersonal und Brandwachen in Industriearealen zu schützen. Maximal drei Personen fanden in den Schutzbauten mit nur circa 120 Zentimetern Durchmesser, einer etwa 15 Zentimeter dicken Betonwand und einer massiven, lediglich von Hand zuziehbaren Betontür Platz. Ihr Problem: Sie schützten nicht wirklich vor Bombenangriffen, da sie durch nur *einen* Volltreffer zerstört werden konnten.

Das größere Exemplar der beiden Mainzer Ein-Mann-Bunker stammt aus einer Gärtnerei in Wiesbaden-Dotzheim und wurde – um es vor dem Vergessen zu bewahren – von dort direkt in die Zitadelle überführt. Der kleinere Bunker diente ursprünglich als Schutz für die Bahnwärter des Mainzer Hauptbahnhofes, die ihren Posten nicht verlassen durften. Dort wurde er vor circa 35 Jahren im Bereich der Gleisanlagen gefunden und ausgegraben. Bis 2005 fand auch er einen Platz im Zitadellengraben. Im Zuge der Umgestaltung des Grabens wurden das rund viereinhalb Tonnen schwere Bauwerk und sein Pendant vor die Kasematten, wo das Garnisonsmuseum ursprünglich einziehen sollte, gehievt. Das Garnisonsmuseum wurde 2007 zwar in die Kasematten neben dem Kommandantenbau (Bau A) verlegt, die Ein-Mann-Bunker verblieben dennoch, als Wegweiser und Mahnmal zugleich, in der Mitte der Zitadelle.

Adresse Parkplatz auf der Zitadelle, gegenüber von Gebäude E, 55131 Mainz-Oberstadt | **ÖPNV** Bus 70, 71, Haltestelle Eisgrubweg | **Tipp** Der Luftschutzbunker, vor dem die beiden Kolosse Wache halten, wird regelmäßig Anfang September, am Tag des offenen Denkmals, gleichzeitig mit dem Zitadellenfest zur Besichtigung freigegeben. Internet: www.zitadelle-mainz.de.

28 Die Eisenbahnwerkstatt

Von der Werkstatt zur Markthalle zum Museum

Oft kann man lesen, das »Museum für Antike Schifffahrt« befinde sich in der ehemaligen Markthalle. Was richtig ist. Aber bevor im heutigen Museum der Handel mit Obst und Gemüse florierte, war hier die »Centrale Lokomotiv-Reparaturwerkstätte« der linksrheinischen Ludwigsbahn zu Hause.

Mit dem Bau der ersten Bahnlinien setzte die Beschleunigung des Lebens ein. Die Eisenbahn wurde zwar auch in Mainz als Motor für Industrie und Tourismus erkannt. Während in anderen Regionen das Eisenbahnnetz aber schon viel weiter ausgebaut war, erhielten die Mainzer durch politische Fehleinschätzungen und finanzielle Engpässe erst 1853 eine eigene Bahnstrecke. Die erste Lokomotive dampfte in Richtung Worms.

Der »Central-Bahnhof« befand sich von 1853 bis 1884 auf der heutigen Rheinstraße, etwa in Höhe des Holzturms. Die einzige Erinnerung daran ist die ehemalige Eisenbahnreparaturwerkstatt an der Rheinstraße, Ecke Holzhofstraße.

Die Eisenbahn und der Bahnhofsbau veränderten das Gesicht von Mainz. Das Eisenbahnnetz weitete sich schneller aus als gedacht. Dem damaligen Stadtbaumeister Kreyßig war bei seinen Planungen für die notwendige Stadterweiterung schnell bewusst, dass sich der Bahnhof am Rheinufer nicht positiv weiterentwickeln können würde. Die Zahl der Züge und Reisenden nahm kontinuierlich zu. Eine Erweiterung war wegen der Enge zwischen Rhein und Stadt jedoch nicht möglich.

Die logische Konsequenz war, den Hauptbahnhof vom Rheinufer vor dem Holztor auf die Westseite der Stadt umzuquartieren. Damit die Eisenbahn auf die heutige Trasse verlegt werden konnte, wurde ein 1.200 Meter langer, unter den alten Festungswerken hindurchführender Tunnel notwendig. Der neue »Central-Bahnhof« auf der anderen Seite der Stadt konnte 1884 eingeweiht werden. Die Bahnsteighalle war mit 300 Metern die längste Halle Europas.

Adresse Neutorstraße 2b, 55116 Mainz-Altstadt | **ÖPNV** Bus 64, 65, 71, 92, Haltestelle Bahnhof Römisches Theater/CineStar | **Tipp** Das Museum für Antike Schifffahrt gilt deutschlandweit als einzigartige Ausstellung über die Seefahrt und Technik der Antike und ist einen Besuch wert, Öffnungszeiten unter www.rgzm.de.

29 — Der Eisenmann
»Antimensch« in Form eines Roboters

Monströs und irgendwie unwirklich wirkt er, der Eisenmann. Mit seinem Sockel ist er unter der Fußgängerbrücke zwischen Brandzentrum und Rathaus fest verankert, so als hätte man Angst, er könnte sich tatsächlich unter die Mainzer mischen. Diese wiederum haben es nicht leicht, ihn überhaupt zu finden. Gut versteckt, den Blick starr auf das ehemalige Heilig-Geist-Spital gerichtet, fristet die eindrucksvolle Plastik zwischen Betonsäulen auf dem neu gestalteten Platz »Am Alten Kaufhaus« ein eher einsames Dasein.

Rund 800 Kilogramm ist er schwer, der »Antimensch« des 1946 in Pommern geborenen Bildhauers Zbigniew Fraczkiewicz. An allen möglichen Stellen wird das Monstrum aus rostigem Stahl von fest verschraubten, über den Körper hinausragenden Platten zusammengehalten. Selbst sein Geschlecht ist mit vier dicken Schrauben befestigt. Nahezu unheimlich wirken die auf seinem Sockel wie übrig geblieben wirkenden Ersatzteile: eine Hand, ein Bein, ein Kopf …

Setzt man sich genauer mit der Skulptur auseinander, kann sie durchaus die Basis für manches sozialkritische Gedankenspiel darstellen. Und das ist mit der martialischen Interpretation des sogenannten modernen Menschen auch gewollt. Sie zeigt den Menschen als Gefangenen seiner eigenen Kultur, ausgestattet mit einer Zwangsjacke, die von ihm selbst kaum zu lösen ist.

Der Eisenmann ist Teil eines Zyklus aus mehreren, alle in ihrer Art verwandten Eisengussskulpturen, die mittlerweile in ganz Europa verteilt sind.

Der »Mainzer« Eisenmann steht hier zur Erinnerung an eine Ausstellung, die im September 1989, 50 Jahre nach dem Überfall der deutschen Wehrmacht auf Polen, in der Galerie im Brückenturm stattfand. Zum Gedenken und zur Mahnung und somit als Zeichen der Völkerverständigung wurde die Skulptur am 8. Mai 1990, 45 Jahre nach der Kapitulation Deutschlands, von der Stadt Mainz übernommen.

Adresse Am Alten Kaufhaus, 55116 Mainz-Altstadt | ÖPNV 60, 61, 71, 90, Haltestelle Fischtor | Tipp Genau gegenüber befindet sich der Eisenturm. Dort finden wechselnde Kunstausstellungen statt, www.kunstverein-eisenturm-mainz.de.

30 — Die Explosion
Auch Sissi spendete für die Opfer

War es ein profaner Racheakt oder eine Tat aus Liebeskummer des österreichischen Korporals, als er am Nachmittag des 18. November 1857 die Zerstörung eines Großteils der Oberstadt von Mainz und auch der St.-Stephan-Kirche herbeiführte? So genau hat man bis heute keine Antwort auf diese Frage gefunden. Während der Zeit, als Mainz noch Bundesfestung und von den Österreichern besetzt war, ist der von den Besatzern als Pulvermagazin genutzte mittelalterliche Martinsturm eines Nachmittags im wortwörtlichen Sinne in die Luft gegangen. Der Martinsturm war Teil der früheren Gautorbefestigung in der Mainzer Oberstadt.

Ein beeindruckendes Zeugnis der damaligen Katastrophe, die weit über Mainz hinaus Aufmerksamkeit erregte, befindet sich bis heute auf dem Ballplatz, inmitten der Stadt: Direkt dorthin geschleudert wurde der rund 700 Kilogramm schwere Giebelstein des Pulverturms. Die von der Explosion ausgelöste Erschütterung war so stark, dass man noch in Fulda an ein Erdbeben glaubte.

Natürlich war es heikel, gleich ein ganzes Munitionslager am Rande der Stadt zu unterhalten. Aber obwohl man sich der großen Gefahr bewusst war, wurde der in die Bastion Martin integrierte Martinsturm als solches genutzt. 200 Zentner Sprengstoff und unzählige Granaten explodierten an jenem Nachmittag. Der größte Teil aller Fenster in Mainz zerbarst. Zivilisten sowie Soldaten starben, insgesamt waren 153 Opfer zu beklagen. Die Zahl der Verletzten soll in die Tausende gegangen sein.

Die Stadt hatte dennoch Glück im Unglück: Immerhin 500 Zentner Sprengstoff sollen vorher ausgelagert worden sein, weil das Magazin geräumt werden sollte.

In der Stadtratssitzung, die direkt für den nächsten Tag einberufen wurde, beschließen die Ratsmitglieder einen »Aufruf zur Unterstützung« der Opfer und Hinterbliebenen. Unter anderen spendete selbst Kaiserin Sissi.

Adresse Ballplatz, 55116 Mainz-Altstadt | ÖPNV Bahn 50–52, Bus 28, 54–57, 60–63, 71, 90–92, 99, Haltestelle Schillerplatz | Tipp Auf dem Mainzer Hauptfriedhof befindet sich ein Gedenkstein für die bei der Pulverturm-Explosion umgekommenen Soldaten.

31 __ Das Fastnachtsmuseum

Gut versteckt: 175 Jahre Fastnachtsgeschichte

Lediglich die unmittelbar davorstehende Skulptur des lustigen Klepperbubs lässt vermuten, dass in der zur Neuen Universitätsstraße hin – und damit etwas versteckt – gelegenen Hinterfront des Proviant-Magazins irgendetwas zum Thema Fastnacht zu finden sein könnte.

Wer schon immer einmal einen original Schwellkopp, die Symbolfigur der Meenzer Fassenacht schlechthin, ganz aus der Nähe bestaunen, selbst in der Bütt stehen oder Antworten auf Fragen wie »Wer komponierte Humba, Humba, Tätärä?« oder »Was ist ein Scheierborzeler?« finden wollte, wird in den Tiefen des ehrwürdigen Festungsgemäuers fündig.

Denn im Keller des Proviantmagazins wird alles, was die fünfte Jahreszeit in Mainz ausmacht, liebevoll präsentiert. Außerdem beheimatet ist hier das dem Museum angeschlossene Fastnachtsarchiv, das seit 1972 Narren-Devotionalien archiviert.

Die Geschichte geht zurück bis zum Geburtsjahr der organisierten Mainzer Fastnacht 1837. Bereits ein Jahr später zog der erste Rosenmontagszug durch die Mainzer Gassen. Er war schon bald darauf nicht nur ein Höhepunkt des Jahres für die Mainzer, sondern zunehmend auch eine Touristenattraktion, und bereits 1926 wurde erstmals eine Fastnachtssitzung im Radio übertragen.

Die »Schwellköpp« tauchten erstmals 1927 im Mainzer Zug auf – und damit einige Jahre früher als in Köln, wo es sie erst seit 1936 gibt.

»Kritische Stimmen«, die seit jeher der politischen Fastnacht in Mainz ihren Charakter geben, hatten es während des Dritten Reichs besonders schwer. 1938 erlebte Mainz die letzte glanzvolle Kampagne vor dem Zweiten Weltkrieg. Nach 1945 sind viele neue Vereine und Garden entstanden. 1955 wurde die Mainzer Sitzungsfastnacht unter dem Motto »Mainz bleibt Mainz, wie es singt und lacht« in der ganzen Republik bekannt. Eine Menge Geschichte also, die sich über die Zeit ansammeln konnte und eine Besichtigung lohnt.

Adresse Mainzer Fastnachtsmuseum, Proviant-Magazin, Neue Universitätsstraße 2, 55116 Mainz-Altstadt | **ÖPNV** Bahn 50–52, Bus 54–57, 60–63, 71, 90–92, Haltestelle Schillerplatz | **Öffnungszeiten** Di–So 11–17 Uhr, www.mainzer-fastnachtsmuseum.de | **Tipp** Auf dem Schillerplatz ist das närrische Wahrzeichen von Mainz zu bewundern: der fast neun Meter hohe, mit 200 Einzelfiguren bestückte Fastnachtsbrunnen.

32 Der Fastradastein

Erinnerung an die vierte Frau Karls des Großen

Im südlichen Seitenschiff des Doms St. Martin ist die Grabplatte der Fastrada (um 765–794), der vierten Ehefrau Karls des Großen (um 748–814) angebracht.

Als König des Fränkischen Reiches initiierte Karl die 794 in Frankfurt tagende Synode. Rund sieben Monate hielt er sich auf der Versammlung wichtiger Kirchenvertreter des Fränkischen Reichs auf. An seiner Seite war die aus thüringisch-mainfränkischem Grafengeschlecht stammende Fastrada. Deren Schönheit brachte ihr einen besonderen Ruf ein, doch galt sie auch als kränklich und verstarb noch in Frankfurt am 10. August 794. Nach karolingischer Tradition hätte ihr Leichnam eigentlich in die Basilika St. Denis bei Paris oder in die Abtei St. Arnulf bei Metz überführt werden müssen. Doch auf Karls Wunsch, und vermutlich unter Einflussnahme des Mainzer Erzbischofs Richulf (787–813), fand Fastrada ihre letzte Ruhe in dem noch unvollendeten, von Karl jedoch mitfinanzierten Benediktinerkloster St. Alban in Mainz.

Als dieses 1552 bei einem Überfall durch Markgraf Albrecht Alcibiades von Brandenburg-Kulmbach zerstört wurde, gelangte der Grabstein Fastradas in den Dom. Auf dem Stein ist übrigens nicht die ursprüngliche, in griechisch-lateinischen Hexametern abgefasste Grabschrift des Theodulf von Orléans zu lesen, sondern die von einem unbekannten Dichter im Spätmittelalter verfasste Inschrift, die übersetzt lautet: »Die fromme Gemahlin Karls, Fastrada genannt, von Christus geliebt, liegt hier von Marmor bedeckt. Im Jahre siebenhundertvierundneunzig. Welche Zahl dem Versmaß zu fügen, sich widerstrebt. Frommer König, den die Jungfrau trug, gib, wenn sie auch hier zu Asche zerfällt, dass ihr Geist Erbe sei des Vaterlandes, das keine Trübsal kennt.«

Lange blieb Karl der Große nach Fastradas Tod übrigens nicht ohne Ehefrau. Bereits 795 heiratete er die alemannische Prinzessin Luitgard.

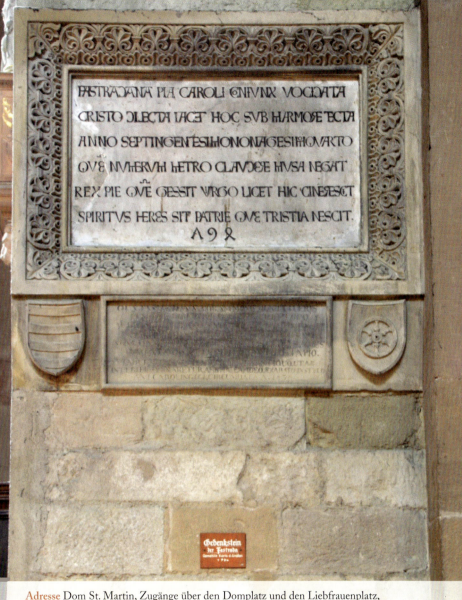

Adresse Dom St. Martin, Zugänge über den Domplatz und den Liebfrauenplatz, 55116 Mainz-Altstadt | **ÖPNV** Bus 28, 54–57, 60–65, 70, 71, 90, 91, 99, Haltestelle Höfchen/Listmann | **Öffnungszeiten** täglich, abhängig von der Jahreszeit und den Gottesdienstzeiten, Informationen: www.mainz-dom.de | **Tipp** Die Verehrung des heiligen St. Alban wurde mit dem Bau der Kirche St. Alban als erstem Kirchenbau im Bistum Mainz nach dem Zweiten Weltkrieg wiederbelebt. Die frühere Benediktinerabtei St. Alban befand sich auf dem Albansberg.

33 Die Fischergasse

Wo Plötze, Wels und Salm über die Theke gingen

Dass sich in Mainz die Altstadt nicht nur hinter dem Dom, sondern auch jenseits des Marktes befindet, gerät oft in Vergessenheit. Dabei befand sich die »City des Mittelalters« ziemlich genau da, wo auch heute der Handel der Stadt floriert. In dem Quartier rund um den Brand werden bereits seit dem 8. Jahrhundert tüchtig Geschäfte gemacht.

Nun ist der größte Teil nördlich des Doms zwar dem Zweiten Weltkrieg zum Opfer gefallen. Doch gleich eine ganze Gasse hat die Zerstörung wie auch den Sanierungseifer der Nachkriegszeit überstanden: die Fischergasse, die vom Gutenberg-Museum aus eine Straße hinter der Rotekopfgasse zu finden ist. Schon ihre Bezeichnung verweist auf den Broterwerb der früheren Bewohner. Und auch die teilweise noch erhaltenen Firmeninschriften an den Häuserwänden belegen, dass hier tatsächlich Fischersleute ihren Handel betrieben.

Die Bausubstanz der Gasse, wie sie sich heute darstellt, stammt aus dem 18. Jahrhundert, und auch ihr eigentlicher »Prachtbau«, die frühere Fischhalle, geht auf jene Zeit zurück. In dem barocken Saal, unter sich an einer Stuckdecke rankenden Rosengirlanden, wurde früher Fisch verkauft. Der Einfachheit halber wurden die Häuser der Fischergasse einst an die angrenzende Stadtmauer angebaut. So blieb in diesem Abschnitt der Wehrgang der mittelalterlichen Stadtmauer erhalten und verläuft in den Häusern als Flur. Leider sind die Wohnbauten nicht öffentlich zugänglich.

Mit der Rheinbegradigung durch Johann Gottfried Tulla zwischen 1817 und 1876 veränderte sich nicht nur der Flusslauf. Waren die Fischereierträge bis dahin noch sehr hoch, veränderte sich nun der Lebensraum der Fische, und ihre Zahl nahm rasch ab. Damit verlor auch die Stromfischerei zunehmend an Bedeutung. Schon Ende des 19. Jahrhunderts war ein großer Teil der Berufsfischer vermutlich nicht mehr in der Lage, vom Fischfang zu leben.

Adresse Fischergasse, 55116 Mainz-Altstadt | ÖPNV Bus 60, 61, 71, 90, Haltestelle Fischtor | Tipp Etwas versteckt gelegen, ist von der Fischergasse aus, an dem Gebäude Rheinstraße 39, ein eingemauerter barocker Türsturz zu finden. In einer ovalen Vertiefung ist ein Fisch dargestellt, dahinter sind Ruder und Staken zu erkennen. Neben dem Zunftwappen sind die Initialen M. H. B. zu sehen, rechts davon steht das Erbauungsjahr 1727.

34___ Der Fotoautomat

Schräge Aufnahmen im Club

Für »Nur 3,– Euro«, so heißt es außen auf dem »Photoautomat«, sind »4 Farbfotos« und »4 S/W-Fotos« zu haben. Außerdem möglich für das Geld ist die Wahl zwischen »4 Positionen« und »2 Hintergründen«. Versprochen werden »Spaß« und natürlich auch die »Erinnerung«.

Noch vor nicht allzu langer Zeit diente so ein fast schon nostalgisch anmutender »Photoautomat« bevorzugt zur Herstellung von Bildern, die in der Mehrzahl ein amtliches Dokument zu zieren hatten. Bei dem Gerät in der Raucher-Lounge des Tanzclubs »50 Grad« steht aber eindeutig der Spaßfaktor im Vordergrund.

Zu zweit, zu dritt, zu viert, aus Langeweile, aus Jux – oder zur Erinnerung: Kaum hat der Club geöffnet, fängt der Automat an zu »leben«. Jeder sucht seine Position, konzentriert sich – nach dem vierten Blitz dann die Erlösung. Nichts wie raus und auf das Ergebnis warten. Doch kommen an diesem Automaten immer zwei Bögen à vier Bilder – einer in bunt und einer in schwarz-weiß – heraus. Viele Besucher sind beim Fotografieren aber so in Hektik, dass sie den ersten Bogen mit den Farbbildern zwar mitnehmen, den jedoch etwas zeitverzögert nachkommenden Schwarz-Weiß-Bogen erst gar nicht abwarten. Was zu einer wunderbar kuriosen Bildersammlung im eine Etage tiefer liegenden Tanzraum geführt hat.

Der »Photoautomat« ist übrigens erst ins Lokal gekommen, als das Nichtrauchergesetz eingeführt wurde. Darin wird verlangt, dass bei Lokalitäten ab einer bestimmten Größe das Rauchen nur in Nebenräumen erlaubt ist. Doch der neue Raucherraum war nicht nur hoch und groß, sondern auch kahl und leer. Außerdem hat irgendetwas zur Unterhaltung gefehlt. Als den Betreibern in Berlin die dort schon zum Kult gewordenen Schwarz-Weiß-Fotoautomaten auffielen, entschlossen sie sich, die Idee zu übernehmen. Und den »50 Grad«-Gästen wird seitdem außer Fläche zum Frönen der Nikotinsucht auch ein Gerät mit großem Spaßfaktor geboten.

Adresse Mittlere Bleiche 40, 55116 Mainz-Altstadt | **ÖPNV** Bus 6, 28, 62–65, 68, Haltestelle Bauhofstraße/Rheinland-Pfalz-Bank | **Öffnungszeiten** Mi ab 22 Uhr, Fr und Sa ab 22.30 Uhr, Tel. 06131/214753, www.50grad.de | **Tipp** Beim Fotografieren daran denken, dass der Bogen mit den Schwarz-Weiß-Bildern immer ein bisschen länger braucht.

35__Frauenlobs Barke am Rhein

Zu Grabe getragen von Frauen mit wallendem Haar

Ist Frauenlob 1312 mit der Barke über den Rhein nach Mainz gekommen? Vielleicht just da, wo die nach dem Minnesänger benannte Frauenlobstraße auf die Rheinpromenade in der Neustadt führt? Das im Wasserbecken am Rheinufer verankerte Schwimmvehikel scheint dies suggerieren zu wollen. Von Mauerzinnen umrandet, sprudeln in dem Doppelbecken rund um den auf der Laute spielenden Frauenlob und seine Gefährten insgesamt 16 kleine Fontänen. Gestaltet wurde die aus Bronze gegossene Barke in der 1981 eingeweihten Brunnenanlage von dem 1937 in Berlin geborenen Kunstprofessor Richard Hess.

Der Minnesänger »Heinrich von Meißen«, genannt Frauenlob, wurde um 1250 in Meißen (Böhmen) als Sohn einer bürgerlichen Familie geboren. In Mainz soll sich der fahrende Sänger ab 1312 aufgehalten haben. 1318 ist er hier auch gestorben. Und wurde im östlichen Kreuzgang des Doms beerdigt.

Er gehörte zu den einflussreichsten deutschsprachigen Dichtern des 13. und 14. Jahrhunderts. Seinen Namen erhielt er, weil er die Frau in besonderem Maße zu verherrlichen wusste. Schon zu Lebzeiten selbst verehrt, war sein Markenzeichen die »Marienminne«. Als sein größtes Werk gilt der vermutlich um 1300 verfasste Marienleich, ein poetisch aufwendiges und auch erotisches Gedicht mit 20 Strophen. Keines seiner anderen Werke erlangte einen solch großen Bekanntheitsgrad.

Frauenlob gilt als einer der »letzten Minnesänger« und gehört zu den zwölf alten Meistern (unter anderem mit Walther von der Vogelweide), die von den Meistersingern als Vorbilder verehrt wurden. Bei Letzteren handelte es sich um einen zunftartigen Zusammenschluss von bürgerlichen Dichtern und Sängern des 15. und 16. Jahrhunderts. Um 1315 hat Frauenlob selbst in Mainz die erste Meistersingerschule gegründet. Nach seinem Tod sollen ihn Mainzer Frauen aus Verehrung auf ihren Schultern zu Grabe getragen haben.

Adresse Adenauer-Ufer/Frauenlobstraße, 55118 Mainz-Neustadt | **ÖPNV** Bus 9, 58, 70, Haltestelle Kaisertor/Stadtbibliothek | **Tipp** Außer dem Brunnen mit der Barke existieren die Frauenlobstraße, das Frauenlob-Tor, das Frauenlob-Gymnasium, der Frauenlobplatz mit seinem Minnesängerbrunnen. Sehenswert ist der Grabstein Heinrich von Meißens in der Ostwand des Dom-Kreuzgangs. Das Original wurde 1774 zerstört und ist 1783 neu angefertigt worden.

36 Der Frühstücksplatz

Glücklich mit Weck, Worscht un Woi vor dem Dom

Frühstück außerhalb von zu Hause ist hip. Für jede Stadt existieren Ratgeber, in denen im Vorfeld getestete Frühstücksangebote der hiesigen Gastronomie verzeichnet sind. Diese Orientierungshilfen gibt es natürlich auch für Mainz.

Der schönste Frühstücksplatz der Stadt befindet sich aber – unter freiem Himmel. Und zwar samstags zur Marktzeit auf dem geschichtsträchtigen Liebfrauenplatz, im Schatten des Doms.

Benannt wurde der Platz nach der früheren »Vorkirche« des Doms, die durch ihre geografische Lage im Osten als Erstes dem Bombardement der preußischen Armee von der anderen Rheinseite aus im Jahr 1793 zum Opfer fiel. Vom Ostportal der Liebfrauenkirche führte zu jener Zeit eine Treppe in das tiefer gelegene Gelände. Die zur Erinnerung an den Standort des Ostchors aufgemauerte, erhöht über dem Platz liegende halbe Rotunde bietet den optimalen Rahmen für das Marktfrühstück.

Der Besuch des Wochenmarkts ist die beste Gelegenheit für einen Schwatz. Essbares gibt es hier genug. Aber auch Trinkbares. Winzer der Region bieten ihren Wein auf dem Markt an, und vom Frühsommer bis Frühherbst gibt es einen Ausschank der Vereinigung »Die Mainzer Winzer e.V.«. Klar, dass die gerade erstandenen Viktualien dazu verzehrt werden können. Das »Marktfrühstück« war geboren und hat mittlerweile Kultstatus erreicht. Auch dem Mainzer Nationalgericht »Weck, Worscht un Woi« wird eine Plattform geboten. Und auch wenn es vielleicht so aussieht: Der Fleischwurstkauf wird nie dem Zufall überlassen, und jeder »echte« Mainzer hat seinen Stammmetzger. In der von hier nicht weit entfernten Scharngasse war früher übrigens das Quartier der Mainzer Metzgerzunft. Als solle eine Verbindung zur Historie geschaffen werden, positionieren die für den Frühstückspart »Weck und Worscht« zuständigen, auch aus dem Umland anreisenden Metzger an den Markttagen ihre rollenden Theken in unmittelbarer Nähe.

Adresse Liebfrauenplatz, 55116 Mainz-Altstadt | ÖPNV Bus 28, 54–57, 60–65, 70,71, 90, 91, 99, Haltestelle Höfchen/Listmann | Tipp Der Mainzer Wochenmarkt auf Markt, Liebfrauenplatz und Höfchen findet jeden Di, Fr und Sa von 7 bis 15 Uhr statt. Mitte März bis November findet das Mainzer Marktfrühstück statt. Infos im Internet: www.diemainzerwinzer.de.

37_Der Fuchs

Allgegenwärtig: das Konterfei eines Bürgermeisters

Wahlweise »Fuchsbau« oder »Beamtengefängnis« wird das unmittelbar am Rhein gelegene Rathaus von den Mainzern genannt. Der dort einst wirkende und schon zu Lebzeiten als »der populärste Mainzer seit Gutenberg« titulierte frühere Bürgermeister Jockel Fuchs hinterließ nach einer fast ein Vierteljahrhundert währenden Amtszeit viele bis heute stadtprägende Errungenschaften. Er hat wie kein anderer Politiker die Stadt und das Land mit seinem volksnahen Politikstil beeinflusst. Als der Sozialdemokrat am 6. März 2002 im Alter von 82 Jahren starb, sprach man auch vom Ende der »Ära Fuchs«.

Dennoch ist er im Stadtbild unerwartet gegenwärtig. Wer sich an das verschmitzte, im Alter zunehmend tatsächlich einem Fuchs ähnelnde Gesicht erinnert, den wundert das nicht. Jockel Fuchs war als Bürgermeister maßgeblich an der Umgestaltung der Domplätze zum tausendjährigen Domjubiläum im Jahr 1975 beteiligt: Wo früher in der Mitte des Marktplatzes der Marktbrunnen stand, befindet sich heute die über sechs Meter hohe und 16 Tonnen schwere Heunensäule. Aus einem Steinbruch bei Miltenberg am Main stammend, war sie bereits im Jahr 1000 für den Mainzer Dom bestimmt. Anlässlich des Domjubiläums wurde die Säule den Mainzern dann endlich von den Miltenbergern überlassen. 2.000 Jahre Geschichte von Mainz spiegeln sich in der von Gernot Rumpf 1980 geschaffenen Bronzemanschette am Fuß der Säule.

Wer das dort unter dem steinernen Römerhelm ist, der die Lage vom Dom aus bestens im Blick hat? Natürlich der Fuchs! Noch einmal zu entdecken ist er auf einer Seite des Helmbügels.

Und wer seinen Kaffee in der Sonne vor einem der 2008 neu gestalteten Markthäuser schlürft, darf sich ebenfalls gut bewacht vom Konterfei des früheren Oberbürgermeisters fühlen: In Form eines Konsolsteins blickt er über die Gäste und das regelmäßige Markttreiben hinweg direkt auf den Dom.

Adresse Markt, 55116 Mainz-Altstadt | **ÖPNV** Bus 28, 54–57, 60–65, 70, 71, 90, 91, 99, Haltestelle Höfchen/Listmann | **Tipp** Dreimal wöchentlich – dienstags, freitags und samstags – findet auf dem Marktplatz der farbenprächtige und erlebenswerte Mainzer Wochenmarkt statt.

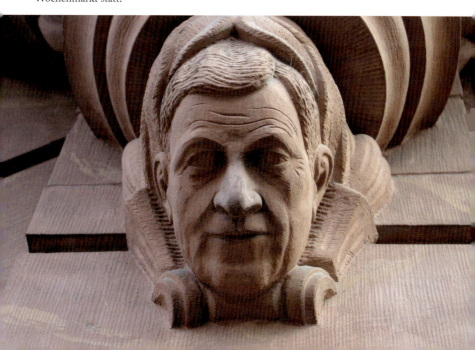

38 Die Fuksas-Häuser

Tradition kontra Moderne

Es gab viel Aufregung in Mainz, als 2006 die Markthäuser abgerissen und als neu gestalteter Gebäudekomplex wieder aufgebaut werden sollten. Fast 30 Jahre lang hatten ihre bunten Fassaden das Stadtbild geprägt. Die historisch wirkenden Häuser auf dem Domplatz waren bei Einheimischen wie bei Touristen beliebt. Ein Problem stellten jedoch die im Lauf der Jahre bei diversen Um- und Ausbauten gemachten bautechnischen Kompromisse dar. Die Mängel an den Gebäuden wurden im Lauf der Zeit so groß, dass nur ein Abriss Sinn machte.

Ihre Vorgängerbauten waren während des Zweiten Weltkrieges zerstört worden. Der Wiederaufbau erfolgte in den 1950er Jahren durch funktionelle Flachbauten, 1979 wurde dann mit der historisierenden Umgestaltung begonnen, Ziel der »Schummelei« war, an der Nordfront des Marktes ein historisches Ambiente als Pendant zu den gegenüberliegenden Domhäusern zu schaffen.

Der Neubau des Ensembles von 2006 ist ein Werk von Massimiliano Fuksas. Der international renommierte römische Architekt steht auch für die Entwürfe des Forschungszentrums für Ferrari in Maranello, das Messezentrum in Mailand oder die 137 Meter hohen Zwillingstürme in Wien. Sein Vorschlag, die historische Marktfassade originalgetreu wiederherzustellen und damit eine Verbindung zur davorstehenden historischen Heunensäule sowie zu dem Renaissancebrunnen von 1526 herzustellen, gefiel den Stadtoberen. Heiß diskutiert wurde hingegen sein damit in Verbindung stehender und gewagt wirkender architektonischer Brückenschlag zum Brandzentrum.

Nachdem der Wohn- und Einkaufskomplex mit seiner lichtdurchfluteten »Stadt-Piazzetta« im November 2008 der Öffentlichkeit übergeben wurde, bewegt man sich heute im Spannungsfeld der zwei Fassaden recht selbstverständlich. Die einen modernen Charakter verkörpernde Lamellenfassaden-Konstruktion mit ihrer ungewöhnlichen Ästhetik bietet aber noch immer Gesprächsstoff.

Adresse Marktplatz/Rebstockplatz/Korbgasse, 55116 Mainz-Altstadt | **ÖPNV** Bus 28, 54–57, 60–65, 70, 71, 90, 91, 99, Haltestelle Höfchen/Listmann | **Tipp** Ein Bummel nicht nur durch die Geschäfte in den Fuksas-Häusern, sondern auch durch den futuristischen Innenhof der Piazzetta ist selbst für nicht unbedingt Architektur-interessierte lohnend.

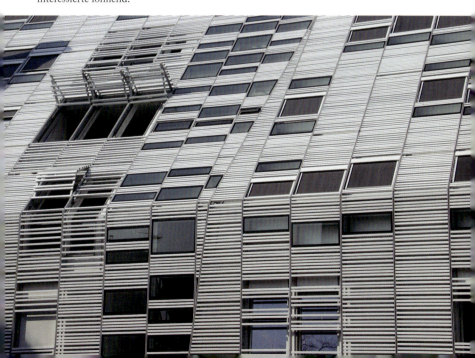

39_ Das Garnisonsmuseum

Mainzer Garnionsgeschichte in den Kasematten

Eine Stadt lebt durch die Menschen, die dort wohnen und sich in ihr bewegen. Nicht anders ist es bei einer Festung. Auch ihr wird Leben von den dort stationierten Truppen, der Garnison, eingehaucht.

Endgültig zur Festungsstadt wurde Mainz durch Kurfürst Johann Philipp von Schönborn nach dem Dreißigjährigen Krieg (1618–1648). Bis die Stadt 1904 als Festung endgültig wieder aufgelassen wurde, lag eine wechselvolle Geschichte mit zahlreichen Besatzungen hinter ihr. Dreh- und Angelpunkt war in jener Zeit die Zitadelle.

Wer die steile Treppe hinunter in die Kasematten unter der Zitadelle erfolgreich bewältigt hat, für den wird in den früheren unterirdischen Festungsanlagen ein großes Stück Mainzer Garnisonsgeschichte lebendig.

Den Grundstock des Museums bildet ein kleiner Bestand aus Nachlässen von Kameradschaften des Ersten Weltkriegs, auf den Museumsgründer Wolfgang Balzer eher zufällig gestoßen ist.

Irgendwann wurden alle bisherigen Unterkünfte für die stetig wachsende Sammlung zu klein, und die Stadt Mainz stellte dem ehemals »garnisonshistorischen Magazin« den Raum zur Verfügung, der ihm gebührt.

Hier wird die Mainzer Garnisonsgeschichte von 1870 bis heute durch alle Epochen dargestellt: Dokumentiert sind die preußische Zeit bis 1918 sowie die französische Besatzung von Dezember 1918 bis Juni 1930. Außerdem werden Utensilien der deutschen Wehrmacht ab März 1936 bis zum Ende des Zweiten Weltkrieges gezeigt.

Allein 85 komplett bekleidete Puppen, größtenteils mit Original-Uniformen von allen Regimentern, die ab 1870 in Mainz stationiert waren, sind zu sehen. Ebenso ausgestellt sind Gebrauchsgegenstände der Soldaten und Dokumente – aber auch Reservistika, individuell von oder für Soldaten angefertigte Andenken an ihre militärische Zeit, wie Krüge oder Teller, und viele andere Dinge, die einen guten Einblick in die jeweilige Zeit gewähren.

Adresse Zitadelle, Eingang neben dem Kommandantenbau A, 55131 Mainz-Oberstadt |
ÖPNV Bus 64, 65, 90 und 92, Haltestelle Zitadellenweg/Bahnhof Römisches Theater |
Öffnungszeiten Das Museum ist im Rahmen des Zitadellenfestes beziehungsweise am Tag des offenen Denkmals (September) oder auf Anfrage (Wolfgang Balzer, Tel. 06249 / 7908) geöffnet. | **Tipp** Die Ausgrabungsstätte des römischen Theaters ist nur wenige Schritte vom Haupteingang der Zitadelle entfernt und lohnt eine Besichtigung.

40 Die Gaustraße

Steiler Weg ins »Gau«

Sie ist mit 9,549 Prozent Steigung eine der steilsten Straßen in Mainz. Und hat seit ihrem Ausbau im Jahr 2004 die steilste Streckenführung einer Straßenbahn ohne Steighilfe in Deutschland überhaupt. 2015 wurde hier das 111. Jubiläum der elektrischen Straßenbahn in Mainz groß gefeiert. Und weil die Strecke in der Gaustraße nur teilweise zweigleisig ausgebaut ist, heißt es für die bergab Richtung City verkehrenden Trams einen Bogen über die parallel verlaufende Straße »Am Schottenhof« zu machen.

Die »Gaugass«, wie sie von den Mainzern genannt wird, gilt als Nadelöhr und wichtige Verkehrsachse zwischen dem Schillerplatz und der Oberstadt. Fast 400 Straßenbahnen fahren hier täglich. Und auch wenn sie durch die in den Jahren 2002 bis 2004 durchgeführte Straßenerweiterung einen Teil ihres Charmes einbüßen musste: Ein wenig schöne alte Bausubstanz ist noch erhalten.

Bis vor wenigen Jahren galt sie noch als das Stiefkind der Mainzer. Die nutzten die Gaustraße nämlich eher als Verbindungsweg nach »draußen«, statt als Einkaufs- und Genussmeile. Innerhalb kurzer Zeit hat sich das jedoch geändert, und die Straße avancierte quasi über Nacht zum Szene-Stadtteil mit Cafés, Bars, Restaurants und Vinotheken sowie Galerien und Geschäften.

Beginnend an dem Brunnen mit dem »Fischweiblein« auf dem kleinen Platz hinter dem Osteiner Hof, geht es vorbei an der zur Kirche St. Stephan führenden Ölgasse und hinauf auf die Höhe des Grüngürtels. Hier, am obersten Ende, fällt der Blick auf das äußere Gautor. Der Vorläufer, die »Gaupforte«, zählte zu den vier großen Landtoren der mittelalterlichen Stadtmauer, erinnerte an eine Festung und erlebte im Verlauf seiner Geschichte eine Menge Unruhen. So gelangten hier gleich mehrmals fremde Heere in die Stadt. Das Gautor steht seit dem Jahr 1998 wieder in der Straßenmitte und damit in der Nähe seines ursprünglichen Platzes.

Adresse Gaustraße, 55116 Mainz-Altstadt | **ÖPNV** Bahn 50–52, Bus 28, 54–57, 60–63, 71, 90–92, 99, Haltestelle Schillerplatz | **Tipp** Das Original der Figurengruppe des heiligen St. Martin vom Gautor ist im Landesmuseum Mainz zu sehen, www.landesmuseum-mainz.de.

41 Der Glockenbaum

Im Volksmund auch »Beamtenwecker«

Wie Blätter im Wind wiegen sich die 14 großen Glocken und 68 kleinen Glöckchen seit 1976 im Schatten des Bildungsministeriums. Im Volksmund hat sich schon bald nach der »Pflanzung« des von dem pfälzischen Bildhauer Gernot Rumpf geschaffenen Glockenbaums die liebevolle Bezeichnung »Beamtenwecker« durchgesetzt.

Der Grund? Je nach Windstärke läutet der von Wasser umspielte, an eine gigantische Äolsharfe erinnernde Glockenbaum mal zart, aber oft auch etwas ungestüm aus dem rechten Winkel des elfstöckigen Hauses in Richtung der umliegenden Gebäude des Regierungsviertels. Durch das charmante Geläut könnte sich vielleicht der eine oder andere Beamte in seinem Tun gestört fühlen – schmunzelt der Mainzer, durchaus für seinen manchmal etwas respektlosen, doch tiefsinnigen Humor bekannt.

Wegen der vielen Ministerien, dem Landtag und der Staatskanzlei ist das Gebiet in dem Karree zwischen Kaiserstraße, Bleichenviertel und dem Deutschhausplatz als Regierungsviertel bekannt. Herrscht hier während der Woche früh vor Arbeitsbeginn und zur Mittags- und Feierabendzeit reges Gewusel auf den Straßen, ist es außerhalb dieser Zeiten ruhig. Allein das zarte Geläut der dreiarmigen Lyra auf ihrem glitzernden Brunnenkörper ist dann zu hören.

Die Weltkulturen nehmen in den 14 großen Glocken der Bronzeplastik Gestalt an, so die Intention des Künstlers. Sie wurden anderen berühmten Glocken aus aller Welt, zum Beispiel aus Italien, Äthiopien, Japan oder Südamerika, nachempfunden. Wenn sich das Wechselspiel ihres Klangs zu einem kleinen, exotisch anmutenden Konzert vereint, horcht man auf. Einige bleiben stehen und schauen hinauf zu den sieben Meter hohen, zart vibrierenden Stangen.

Das kleine Bronze-Vögelchen am Beckenrand gibt übrigens keinen Ton von sich. Es soll nur an den ehemaligen Hausherrn des Ministeriums, Dr. Bernhard Vogel, erinnern.

Adresse Mittlere Bleiche 61, 55116 Mainz-Altstadt | **ÖPNV** Bus 9, 58, 62, 63, 68, 76, 92, Haltestelle Hindenburgplatz / Architektenkammer Rheinland-Pfalz | **Tipp** Von hier aus lohnt ein Rundgang zu weiteren im Regierungsviertel verteilten Kunstwerken und Skulpturen, sehenswert sind zum Beispiel die »Familie« vor dem Sozialministerium, Bauhofstraße 9. Weitere Skulpturen auf www.welt-der-form.net/Mainz/index.html.

42 Das Glockenspiel

Choräle über der Alt- und Neustadt

In der 80 Meter hohen, weit über Mainz' Innenstadt hinaus sichtbaren Kuppel der evangelischen Christuskirche befindet sich seit 1954 ein Glockenspiel. Die 25 Stahlglocken wurden der Gemeinde von der Stadt Mainz zur Einweihung gestiftet und sind von außen in der Laterne des Bauwerks zu sehen. Die Impulse zum Anschlag der Glocken werden elektrisch ausgelöst. Nach dem Prinzip einer Drehorgel läuft ein gelochtes Band über eine Stiftwalze. Wann welches der zehn Lochbänder mit Chorälen zum Einsatz kommt, richtet sich nach dem Kirchenjahr. Zum ersten Mal erklungen sind die Melodien am Reformationstag des Jahres 1954, zur Einweihung der Christuskirche nach Abschluss der Wiederaufbauarbeiten nach dem Zweiten Weltkrieg.

Als im Zuge des Wiener Kongresses die Grenzen in Europa neu gesetzt wurden, sprach man Rheinhessen mit Mainz im Jahr 1816 dem überwiegend protestantischen Großherzogtum Hessen-Darmstadt zu. Eine evangelische Gemeinde gab es seit 1802 in der Stadt. Aufgrund dieser politischen Entscheidung vergrößerte sie sich entscheidend. Ebenso wie die Bevölkerung insgesamt. Die Erweiterung des Stadtgebiets wurde möglich, als die Festungsmauern geschliffen wurden. Verantwortlich für die Stadterweiterung war der 1897 verstorbene Stadtbaumeister Eduard Kreyßig, nach dessen Plänen auch »der evangelische Dom« zwischen 1898 und 1903 als Gegengewicht zum Mainzer Dom erbaut wurde. Der Bau steht in direktem Zusammenhang mit der Entstehung der Neustadt, da er in Verbindung mit der doppelläufigen Kaiserstraße ein von Kreyßig geplantes Gesamtkunstwerk bildet.

Im Jahr 1945 durch einen Luftangriff komplett ausgebrannt, wurde sie zwischen 1951 und 1954 im alten Stil wiederaufgebaut. Die finanziellen Mittel für die Innenausstattung waren allerdings begrenzt. So wirkt das Kircheninnere im Gegensatz zur pompösen Fassade bis heute etwas unfertig und provisorisch.

Adresse Kaiserstraße 56, 55116 Mainz-Altstadt | **ÖPNV** Bus 9, 58, 62, 63, 68, 76, 92, Haltestelle Hindenburgplatz/Architektenkammer Rheinland-Pfalz | **Öffnungszeiten** Sa–Do 9–18 Uhr, Fr 12–18 Uhr | **Tipp** Dreimal täglich (um 7.45, 12 und 18 Uhr) ist das Glockenspiel zu hören. Eine Turmbesteigung ist nach vorheriger Terminvereinbarung möglich, www.christuskirche-mainz.de.

43 Der Goetheplatz

Naherholung für Generationen und Kulturen

In der Mainzer Neustadt steht einem Kind fast die doppelte Spielplatzfläche zur Verfügung wie in der Altstadt. Dafür ist die Neustadt aber auch der mit Abstand einwohnerstärkste Stadtteil. Immerhin 13 Prozent aller Mainzer leben hier. Die Fläche der Straßen und Plätze überwiegt gegenüber den vorhandenen Grünflächen. Gerne auch als »Herzstück« der Mainzer Neustadt bezeichnet, weist der Goetheplatz die größte Freifläche auf. Mit seinen vielen Möglichkeiten zur Freizeitgestaltung gilt der 1908 offiziell nach dem Dichter Johann Wolfgang von Goethe (1749–1832) benannte Platz mittlerweile als der am intensivsten genutzte Freiraum des Viertels und ist ein besonders wichtiger Ort im öffentlichen Leben der Neustädter.

Mit seinem großen Wasserspielplatz mit Fontänen und Elefantenrutsche hat er ein besonders erfrischendes Markenzeichen, das auch eine schöne, zudem kostenlose, Alternative zum Schwimmbadbesuch darstellt. Die Grünanlagen mit Liegewiesen sind gleichzeitig Treffpunkt und grünes Zentrum für eine kunterbunte Mischung an Besuchern. Auf den rund 5.000 Quadratmetern vergnügt man sich hier tagein, tagaus in allen möglichen kulturellen Konstellationen und Altersklassen.

Unter Beteiligung der Bewohner wurden der Wasserspielplatz installiert, neue Wege und Grünanlagen angelegt und die beliebte Rollschuhbahn saniert.

Obwohl in Sichtweite des Polizeipräsidiums gelegen, tauchte der Goetheplatz in der Vergangenheit immer mal wieder in den Negativschlagzeilen auf. Durch die gemischte Bewohnerstruktur sowie eine hohe Bau- und Einwohnerdichte galt die Gegend als konfliktträchtiger Sozialraum. Durch das Bund-Länder-Programm der »Sozialen Stadt« zur Förderung sozial schwacher Quartiere, in das die Neustadt als »Stadtteil mit besonderem Entwicklungsbedarf« aufgenommen wurde, konnte die Umgestaltung des Platzes finanziert werden. Offensichtlich mit Erfolg!

Adresse Goetheplatz, 55118 Mainz-Neustadt | **ÖPNV** Bus 62, 63, 70, 76, 92, Haltestelle Goetheplatz | **Tipp** Mittwochs können auf dem Goetheplatz bei den »G-Workern« Kettcars, Bälle, Stelzen und andere Spielgeräte kostenlos ausgeliehen werden, www.neustadtzentrum.de.

44_ Die Görzsiedlung

Architekt und Bauarbeiter Hand in Hand

Fast lebensgroß und in gebührender Höhe über den Köpfen ihrer Betrachter schwebend, blicken sich zwei stattliche Männer mit markanten Gesichtszügen tiefsinnig in die Augen. Ernst sehen sie aus, irgendwie zielstrebig. Trotz offensichtlich unterschiedlichem Status gibt es keine Berührungsängste. Das legt die deutlich demonstrierte körperliche Nähe, aber auch die fast zwillingshafte optische Darstellung nahe.

Die steinernen Figuren des voll bekleideten Architekten und des Bauarbeiters mit freiem Oberkörper und Werkzeug in der Hand sind an dem Eckgebäude der Görzsiedlung zur Unteren Zahlbacher Straße zu finden. Auf den ersten Blick fällt die Darstellung nicht auf, sie ist aber ein noch heute gut sichtbares Dokument nationalsozialistischer Propaganda, die ihren Weg in alle Lebensbereiche gefunden hatte. Davon zeugt auch die 1935 in Stein gemeißelte Inschrift »Volksgemeinschaft schafft Arbeit und Brot«. Das zum Zeitpunkt der Entstehung eingemeißelte Hakenkreuz unter der Inschrift wurde entfernt und ist noch zu erahnen.

Adolf Görz wurde 1857 in Mainz geboren. Als wohlhabender Kaufmann wendete er sich sozialen Projekten zu. Nach seinem frühen Tod im Jahr 1900 hinterließ er ein Erbe, das zweckgebunden wohltätigen Projekten zukommen sollte. Adolfs Bruder – Friedrich Görz – war Aufsichtsratsvorsitzender im Mainzer Bau- und Sparverein. Dieser ließ in den Jahren 1903 bis 1904 mit der Zuwendung aus dem Vermögen von Adolf Görz preiswerte Wohnungen für bedürftige Familien bauen und benannte sie nach ihm. Außerdem erinnert die durch die Anlage führende Görzstraße an die Brüder.

Das Figurenrelief wurde 1935 während des letzten Bauabschnitts der schrittweisen Erweiterung der genossenschaftlichen Wohnanlage erstellt. Die Anlage überstand den Zweiten Weltkrieg nahezu unbeschädigt. Ebenso wie die gesamte Wohnsiedlung steht das Figurenrelief unter Denkmalschutz.

Adresse Untere Zahlbacher Straße, 55131 Mainz-Oberstadt | **ÖPNV** Bahn 52, Haltestelle Hauptfriedhof oder Römersteine/Hildegardis-Krankenhaus | **Tipp** Gegenüber der Görzsiedlung befinden sich die Zahlbacher Römersteine, Reste des nachweislich größten römischen Aquädukts nördlich der Alpen.

45 Die Gräberstraße Weisenau

Versteckt im Büroviertel: Via Sepulcrum Mogontiaci

Als eine der letzten verbliebenen Freiflächen in Weisenau zur Bebauung stand, wurde bei den ersten Arbeiten durch Funde aus römischer Zeit und einer sich nur auf Luftbildern abzeichnenden Straße klar, dass sich hier, zwischen Gewerbe- und Wohngebiet, weitere Grabungen lohnen könnten.

Archäologische Untersuchungen bestätigten die Vermutung: Zwischen 1982 und 1992 wurde in dem Gebiet zwischen Göttelmannstraße und Wilhelm-Theodor-Römheld-Straße eine 250 Meter lange Strecke mit 35 Grabbauten und 280 Bestattungen freigelegt. Sie hatten den Rand der Römerstraße gesäumt, die vom Legionslager auf dem Kästrich bis zum Lager in Weisenau führte.

Auf diesem Gräberfeld entlang der Ausfallstraße von Mogontiacum hatten die Bewohner vermutlich bis zum 4. Jahrhundert ihre Toten in sogenannten Grabgärten beigesetzt. Darunter ist ein besonderer Grabtyp zu verstehen, der den stadtrömischen Bestattungssitten entspricht und von den Einheimischen übernommen wurde. Eine der typischen rechteckigen Grabeinfriedungen ist inzwischen als Rekonstruktion neben gleichfalls hier gefundenen Töpferöfen und Grabfunden in einem kleinen Freilichtmuseum mit gläsernem Schutzbau an der Wilhelm-Theodor-Römheld-Straße (hinter dem DAL-Komplex) am originalen Fundort zu sehen.

Warum die Gräber alle entlang dieses für die Römer wichtigen Verkehrsweges angelegt waren? Der Tod zählte zum täglichen Leben. Jeder, der zwischen den Grabanlagen hindurch seinen Weg suchte, wurde mit ihm konfrontiert. Es galt, sich der Verstorbenen zu erinnern und der eigenen Endlichkeit bewusst zu sein.

So war es auch im römischen Mutterland üblich, dass die Gräber der Verstorbenen die Ausfallstraßen aus den Städten zu beiden Seiten säumten. Wie verbreitet diese Sitte war, ist dort bis heute an verschiedenen Gräberstraßen zu besichtigen. Eine der bekanntesten ist sicher die Via Appia Antica bei Quarto Miglio nahe Rom.

Adresse Bettelpfad, 55130 Mainz-Weisenau. Ein grüner Wegweiser zeigt den Weg in Richtung »Via Sepulcrum Mogontiacum«, der Gräberstraße. | ÖPNV Bus 62, 63, 65, 91, 92, Haltestelle Alter Friedhof | **Tipp** Weitere Funde aus der römischen Siedlung und von der früheren Gräberstraße sind täglich außer montags im Landesmuseum Mainz, Große Bleiche 49–51, zu sehen, www.landesmuseum-mainz.de.

46___Das Graffiti
Kunst in der Unterführung

Unterführungen sind meist trist und eintönig. Wer kann, meidet die meist zugeschmierten, oft unsicheren Wege unter Brücken, Straßen und Bahnhöfen. Anders ist das bei der Passage, die unter dem Brückenkopf der Theodor-Heuss-Brücke, stark frequentierter Verkehrsknotenpunkt in Mainz-Kastel, hindurchführt. Spaziergänger und Radfahrer, die sich am Rheinufer zwischen Reduit und Rheinwiesen bewegen, fühlen sich magisch angezogen von dem sich zum Wasser hin öffnenden, bunt leuchtenden Schlund – in dem sich ein Monumentalkunstwerk verbirgt. Die 3.000 Quadratmeter große Betonfläche der Unterführung ist mit kunstvollen Graffiti professionell ausgesprüht und somit die wohl größte Freiluft-Galerie dieser Art im Rhein-Main-Gebiet.

Mainz-Kastel ist seit 2005 Austragungsort des Sprühkunst-Festivals »Meeting of Styles«. Unter einem in jedem Jahr neuen Titel und Motto (2012 »One Love«) wird die Unterführung im Rahmen des Festivals von über 80 geladenen Graffiti-Künstlern aus Europa und der halben Welt über ein Wochenende hinweg komplett neu gestaltet. Und das ganz legal. Ein Rahmenkonzept sorgt für den roten Faden und hilft, die unterschiedlichen Stile innerhalb der Kunstmeile miteinander zu verbinden.

Das Projekt wird von dem in der Nachbarschaft beheimateten Jugendzentrum Reduit, von dem schon 1997 eine Bemalung angeregt wurde, gefördert, ebenso von den hiesigen Ortsbeiräten und dem Amt für Soziale Arbeit Wiesbaden und vielen weiteren Unterstützern. Die weit verbreitete Ansicht, Graffiti sei ein ungesetzlicher Zeitvertreib gelangweilter Jugendlicher, wird hier widerlegt. Graffiti als zeitgenössische Kunstform, wie sinnvoll diese Anerkennung der bunten Bilder ist, dafür ist der in Kastel Fröhlichkeit, Kreativität und Vitalität demonstrierende Farbzauber bester Beweis. Sinn zu machen scheint deswegen die Botschaft des Festivals, die lautet: »Gebt mehr legale Sprayflächen frei!«.

Adresse Brückenkopf der Theodor-Heuss-Brücke in Kastel, 55252 Mainz-Kastel, www.MeetingOfStyles.com | **ÖPNV** Bus 6, 9, 28, 54–57, 68, 91, 99, Haltestelle Brückenkopf | **Tipp** Der Besuch der Unterführung lässt sich im Sommer mit einem Chill-out am Strand oder im Biergarten der Bastion Schönborn verbinden, die täglich ab 11 Uhr geöffnet ist, www.bastion-von-schoenborn.de.

47__Die Grüne Brücke

Zwergfledermäuse und Essigrosen auf Kunstobjekt

Wo genau ist man hier eigentlich? In freier Natur? In einem Park? Aber bestimmt nicht genau über der vierspurigen Rheinallee. Oder doch? Man überlegt. Ist irritiert. Womit der Umweltkünstler Dieter Magnus aus Wackernheim schon eines seiner Ziele erreicht hat.

Quasi nebenbei erfüllt die von ihm entworfene Brücke ihre Aufgabe als sicherer, nahtloser Übergang für Fußgänger und Radfahrer vom Goethe- bis zum Feldbergplatz und hinüber zum Rheinufer. Umgeben von einer großzügig gestalteten, vielfältig begrünten Kulturlandschaft, soll der Passant im Idealfall also gar nicht erst bemerken, dass er eine der meist befahrenen Hauptverkehrsstraßen von Mainz überquert.

Die »Grüne Brücke« wurde am 22. Mai 1981 eingeweiht. Bis heute gilt sie als Beispiel menschenfreundlich orientierter Stadtgestaltung. Als kleine, für Ortsfremde ziemlich unbekannte Oase inmitten der City verbindet sie auf kleiner Fläche die widersprüchlichsten Merkmale urbanen Lebens. Auf dem begehbaren Kunstobjekt befinden sich – leider meist nicht funktionierende – Wasserspiele. Versteckte Nischen und Plätze bieten sich als Treffpunkte und zur Rast an. Die zahlreichen Beete wurden naturnah mit Pflanzen gestaltet, die auch in einer städtischen Umgebung gut gedeihen. Zahlreiche Gehölze, wie die Europäische Eibe, Buchen und Ahorne, fühlen sich auf dem eigentümlichen Konstrukt ebenfalls wohl. Außerdem beginnen Tiere, die Brücke als Lebensraum zu erobern. Dazu zählen Eichhörnchen und Kaninchen, aber auch Zwergfledermäuse und Wildbienen.

Im Hinblick auf die zukünftige Entwicklung des Zoll- und Binnenhafens zum neuen Stadtquartier ist geplant, die Grüne Brücke und ihre nächste Umgebung – den Feldbergplatz mit dem direkt angrenzenden Rheinufer – in ihrer Funktion insgesamt aufzuwerten. Ein schon heute konkret umgesetztes Projekt zum Thema Naturschutz in der Stadt ist die vom NABU Mainz übernommene Patenschaft.

Adresse Feldbergplatz beziehungsweise Feldbergstraße, 55118 Mainz-Neustadt | ÖPNV Bus 58, 70, Haltestelle Feldbergplatz/Stadtwerke Mainz AG | Tipp Von der »Grünen Brücke« lässt sich die Mainzer Neustadt mit ihren vielen kleinen Cafés und Geschäften entdecken.

48_ Der Grüngürtel

Spazieren am früheren Festungswall

Der Grüngürtel ist – wie der Name schon nahelegt – ein besonders grünes Stück Mainz, das sich wie ein Band entlang der Oberstadt zieht. Kurfürst Johann Philipp von Schönborn (1605 – 1673) war es, unter dem die Stadt nach Ende des Dreißigjährigen Krieges zur Festung ausgebaut wurde. Zwischen den Jahren 1655 und 1675 wurden 16 sich sternförmig wie ein Gürtel um die Stadt legende Bastionen errichtet. Auch Napoleon, der sich des Öfteren in Mainz aufhielt, förderte den Bau der Anlagen.

Erst nach dem Ersten Weltkrieg endete die 300-jährige Geschichte von Mainz als Festungsstadt, und die umgebenden Festungsanlagen konnten endlich geschleift werden. Die an ihrer Stelle nach Plänen des Architekten und Stadtplaners Friedrich Pützer entstandene und heute verkehrsberuhigte Parkanlage zieht sich im Verlauf der 1904 aufgegebenen Umwallung vom Hauptbahnhof bis zum Stadtpark. Parallel zum Römerwall geht es über schattige Parkwege. Wer aufpasst, entdeckt versteckt im Buschwerk die Überreste der Bastion Martin, einer barocken Wehrschanze aus dem 17. Jahrhundert. Zu ihr zählte auch der im Jahr 1857 explodierte Pulverturm. Schwer sichtbar sind die überwucherten Festungsgräben.

Nach Überquerung des Fichteplatzes geht es in die Fortsetzung des Grüngürtels, den Drususwall. Rechts und links der verkehrstechnisch stillgelegten kleinen Straße erfreuen Rasenflächen, Rosen und Lavendel, kugelförmig in Form gehaltene Buchsbäume oder weite, von geschwungenen Parkwegen durchzogene Spiel- und Liegewiesen den Besucher.

Die grüne Lunge der Landeshauptstadt zählt auch zu einer der attraktivsten Wohnlagen der Stadt. Aus der Parkanlage Drususwall geht es in die von Villen gesäumte Straße Drususwall, über die Salvatorstraße in die Straße Am Rosengarten. Unter großen Platanen und an gepflegten Vorgärten vorüber gelangt man in den tatsächlichen Rosengarten, einen Teil des Stadtparks.

Adresse Der Grüngürtel zieht sich zwischen dem Römerwall und Drususwall bis zum Volkspark in der Göttelmannstraße, 55131 Mainz-Oberstadt | **ÖPNV** Bus 62, 63, 67, 76, 652, 660 oder Bus 60, 61, 64, 65, 90, 92, Haltestelle Stadtpark | **Tipp** Das große Spielgelände am Drususwall, wegen seiner Wasserspielmöglichkeiten »Planschbecken« genannt, ist für Familien als schöne Gelegenheit zur Rast und zum Spiel zu empfehlen.

49__ Der Hartenbergpark

Wasserspiele und Weitsicht auf früherer Eierburg

Der Hartenbergpark ist ein Ort, an dem man unter der Woche fast alleine ist. Unter den Augen eines großen Dinosauriers mit farbenfrohem Mosaik lässt es sich dann ganz in Ruhe durch die an ihrem unteren Ende an die Neustadt grenzende Parkanlage flanieren. Trotzdem ist das zum Ortsteil Hartenberg-Münchfeld zählende Gelände selten die erste Wahl bei den Freizeitplanungen der Mainzer. Vielleicht auch wegen seiner versteckten Lage scheint es oft selbst Einheimischen wenig bekannt zu sein.

Lediglich am Wochenende wird das weitläufige Gelände oft zum multikulturellen Treffpunkt vieler Familien, schmurgeln die leckersten Sachen auf den Grills und sind die Picknickdecken reich gedeckt. Seit 1979 gibt es den Hartenbergpark. Mit einer im Wäldchen zum Gonsbachtal hin etwas versteckt liegenden Minigolfanlage, den sich entlang des Parks erstreckenden Wasserspielen, weitläufigen Liege- und Spielwiesen mit Grillmöglichkeit, Kinderspielplatz und einer Aussichtsplattform, von der aus der Blick über das Industriegebiet von Mainz-Mombach geht, bietet das Gelände ein optimales Freizeitangebot für Familien mit Kindern inmitten der Stadt.

Dass sich das Areal mit seiner circa 18 Hektar umfassenden Gesamtfläche auf den Überresten der Forts Hartenberg und Hartmühl befindet, daran erinnern noch ganz wenige, im Parkgelände versteckt liegende Elemente.

Die Schleifung des zwischen 1827 und 1831 als gewaltiges Bollwerk erbauten Forts Hartenberg wurde nach dem verlorenen Ersten Weltkrieg durch den Versailler Vertrag angeordnet. Einige der noch Jahrzehnte später hier verbliebenen Trümmer wiesen wohl eine gewisse Ähnlichkeit mit Eiern auf und gaben dem Gelände im Volksmund einen neuen Namen: Das Areal des gesprengten Forts hieß lange Zeit »Eierburg« und war schon zwischen den Kriegen ein bei Kindern und Jugendlichen beliebter Abenteuerspielplatz. Der Name hielt sich bis in die 50er Jahre.

Adresse Am Judensand (In der Nähe des Südwestrundfunks), 55122 Mainz-Hartenberg/Münchfeld | **ÖPNV** Bus 64, 65, 91, Haltestelle Hartenbergpark | **Tipp** Inmitten des Parks befinden sich zwei turniergerechte Minigolf-Wettkampfanlagen des 1. Mainzer Minigolf Club e.V., der in der Ersten Bundesliga spielt. Die Öffnungszeiten sind unter www.mgc-mainz.de zu finden.

50 Der Hauptfriedhof

Parkfriedhof mit Geschichte

Eingerichtet wurde der Mainzer Hauptfriedhof auf Veranlassung von Jeanbon Baron de St. André. Der in Napoleons Diensten stehende Präfekt von Mayence folgte damit der 1804 in Paris erlassenen neuen Friedhofsgesetzgebung, nach der die alten Kirchhöfe innerhalb der Festungsmauern auch aus hygienischen Gründen aufgegeben werden mussten. Im Gegenzug war der 1803 eingeweihte Hauptfriedhof als »Zentralfriedhof« zu belegen. Im Jahr 1831 als Parkfriedhof angelegt, erfolgten bis 1964 zahlreiche Erweiterungen des Geländes. Die hier gemachten Erfahrungen beeinflussten maßgeblich die Umsetzung des Edikts auf den berühmten großen Pariser Friedhöfen.

Mit einer Fläche von fast zwei Quadratkilometern und den alleeartigen Wegen zählt der Mainzer Hauptfriedhof zu den größten Grünräumen im Stadtgebiet.

Die wechselvolle Geschichte der Stadt, geprägt von Besatzungen und einem aufstrebenden Bürgertum, hinterließ auf dem Friedhof ihre Spuren in Form von bisweilen eindrucksvollen Grabmälern und prächtigen Grabhäusern. Zwischen den prächtigen Baumlandschaften haben viele bekannte Persönlichkeiten des öffentlichen Lebens – Politiker, Geistliche und Wissenschaftler – ihre letzte Ruhe gefunden. Außerdem lässt sich die militärische Geschichte an den Soldatengräbern unterschiedlichster Herkunft ablesen.

Der Mainzer Aureus, wie der Hauptfriedhof nach einem frühchristlichen Mainzer Bischof zwischenzeitlich genannt wurde, zählte so schon vor über 150 Jahren zu den bedeutendsten Friedhöfen in Deutschland.

Südlich schließt sich auf der gesamten Breite des Hauptfriedhofs der neue jüdische Friedhof mit der im maurischen Stil erbauten jüdischen Trauerhalle an. Im Januar 1881 wurde er seiner Bestimmung übergeben, nachdem der alte jüdische Friedhof »Am Judensand« zwischen der Wallstraße und der Mombacher Straße wegen der angehenden Stadterweiterung geschlossen werden musste.

Adresse Untere Zahlbacher Straße, 55131 Mainz-Oberstadt | **ÖPNV** Bahn 52, Haltestelle Römersteine, Hildegardis-Krankenhaus | **Öffnungszeiten** täglich ab 8 Uhr bis zum Einbruch der Dunkelheit | **Tipp** Auf dem Hauptfriedhof werden regelmäßig über den Verein Geographie für Alle e.V. interessante Führungen durchgeführt, Informationen gibt es auf www.geographie-fuer-alle.de.

51 Das »Heilig-Geist-Spital«

Mittelalterliches Bauwerk als Szenetreff

Am einfachsten ist das frühere Spital von der Fußgängerbrücke zwischen Brandzentrum und Jockel-Fuchs-Platz aus zu sehen: Eng umbaut von den Häusern an der Rheinstraße und der Mailandsgasse, ragt das Dach des dem Heiligen Geist geweihten Spitals mit seinen Zinnen in die Höhe.

Von den Mainzern schlicht das »Heilig Geist« genannt, befand sich das Spital 1236, zur Zeit seiner Entstehung, direkt an der Stadtmauer am Rhein. Die Ufer reichten damals noch bis an die Mailandsgasse. Dass fast die Hälfte des Gebäudes außerhalb der Stadt lag, hatte in erster Linie hygienische Gründe: Durch den Zugang zum Rhein war der ständige Zugriff auf fließendes Wasser gewährleistet. Das »Heilig Geist« diente, als typisches Hospital des Mittelalters, nicht als Krankenhaus, sondern als Herberge für Arme, Kranke, Alte und erschöpfte Pilger. Über eine Seitenpforte der Stadtmauer konnten Spätankömmlinge noch nach Schließung der Stadttore Einlass finden.

Zwischen den Hospitalsbrüdern und -schwestern der gemischten Ordensgemeinschaft soll es 1259 zu Auseinandersetzungen gekommen sein, in deren Folge die Schwestern die Hälfte des Spitalvermögens mitnahmen. Als die Franzosen 1804 die Aufhebung der älteren Mainzer Spitäler beschließen, ist auch das »Heilig Geist« betroffen.

1863 beginnt mit der Eröffnung einer Gaststätte der Brey'schen Aktien-Bierbrauerei die gastronomische Ära des Baus. Als die Innenstadt bei einem Fliegerangriff im Februar 1945 brennt, kommt auch das Dach des »Heilig Geist« zu Schaden, wird jedoch schnell wiederhergestellt. Der vermeintlich mittelalterliche Zustand wurde durch Restauration nach historischen Plänen ab 1975 erreicht. Vom ursprünglichen Krankensaal ist die dreischiffige Halle mit Kreuzgewölbe erhalten. Heute tummelt sich ein bunt gemischtes Publikum im ältesten erhaltenen Bürgerspital Europas.

Adresse Mailandsgasse 11, 55116 Mainz-Altstadt | ÖPNV Bus 28, 54–57, 60, 61, 68, 70, 71, 90, 91, Haltestelle Rheingoldhalle/Rathaus | Öffnungszeiten Mo–Fr ab 16 Uhr, Sa, So, Feiertage ab 9 Uhr, www.heiliggeist-mainz.de | Tipp Das frühere Ostportal des »Heilig Geist« befindet sich bereits seit 1862 im nördlichen Querhaus des Doms und kann dort besichtigt werden. Am »Heilig Geist« ist nur die Kopie zu sehen.

52 Die »Himmelfahrt Mariens«

Die Nasen sind rot!

Das größte und wertvollste Gemälde von Mainz befindet sich in der ältesten Pfarrkirche der Stadt, St. Quintin. 1288 bis 1330 erbaut, steht die spätgotische Hallenkirche mitten in der Innenstadt. Obwohl voller verborgener Schätze, ist sie vielen Mainzern unbekannt.

Wer nun aber doch davon gehört hat, dass das kostbare Werk des österreichischen Barockmalers Franz Anton Maulbertsch (1724– 1796) dort zu sehen ist, blickt sich nach Betreten des Kirchenraums erst einmal suchend um. Denn trotz der, vielleicht erwarteten, Dimension – immerhin ist das Gemälde circa 7,20 Meter hoch und zwischen 2,50 und 3,50 Meter breit – sieht man es nicht auf den ersten Blick.

»Mariä Himmelfahrt« hängt im Rücken der Gläubigen und weit oben in der Höhe. Und ist – je nachdem, durch welche Tür man tritt – zudem etwas durch die Empore verdeckt.

Steht der Besucher dann aber endlich vor dem 1758 als Hochaltarbild für die Zisterzienserinnen des Altmünsterklosters geschaffenen Werk, kommt er aus dem Staunen gar nicht mehr heraus.

Von zwölf Sternen und Engeln umgeben, scheint Maria aus dem oberen Rand des Bildes förmlich hinausschweben zu wollen. Die Apostel, im unteren Teil des nach Aufhebung des Altmünsterklosters in die St. Emmeranskirche (1808 bis 1943) gelangten Bildes, hingegen umstehen fragenden Blickes das leere Grab.

Nun besteht zwar die Gelegenheit, das Bild für einen geringen Betrag anstrahlen zu lassen. Für die Details, die der in seinem Heimatland bis heute geschätzte Fresken- und Historienmaler in das figurenreiche Werk eingearbeitet hat, ist jedoch zusätzlich die gesteigerte Aufmerksamkeit des Betrachters gefragt. Denn die Gesichter der gemalten Personen haben ausgeprägte Charakterzüge – ihre Nasen wirken bisweilen grob, springen teils geradezu hervor, und sind sie nicht auch eigenartig rot? Es lohnt sich tatsächlich, zur Besichtigung dieses Werkes etwas Zeit mitzubringen.

Adresse St. Quintin, Eingang Schusterstraße, 55116 Mainz-Altstadt | **ÖPNV** Bus 28, 54–57, 60–65, 70, 71, 90, 91, 99, Haltestelle Höfchen/Listmann | **Öffnungszeiten** 10–13 Uhr und zu den Gottesdiensten, Tel. 06131/223727, www.dompfarrei-mainz.de | **Tipp** Auf der Empore steht seit Dezember 2011 eine Orgel aus der Werkstatt Nelson/Durham aus dem Jahr 1906. Im Altarraum ist die ehemalige Orgel des Christus-Pavillon der EXPO 2000 in Hannover (eine Truhenorgel aus Glas) zu sehen.

53__Die Kirchen im Blick

Die Skyline von Mainz – einmal ganz anders

Auf der über der Altstadt thronenden Zitadelle gibt es eine Menge zu entdecken. Ein Geheimtipp aber sind die Sitzbänke auf der äußersten südöstlichen Ecke des Zitadellenwalls, der Bastion Germanicus. Von hier aus zeigt sich die ganze City aus einer ungewohnten Perspektive. Außerdem sind insgesamt fünf bedeutende Mainzer Kirchen auf einen Blick zu erfassen.

Durch das Haupttor der Zitadelle (Kommandantenbau) gelangt man in die frühere Festung. Links geht es über Stufen zur Aussichtsterrasse. Rechts hinauf gelangt man auf den die Zitadelle umgebenden Wall. Wir suchen eine Bank. Und genießen!

Und zwar die uneingeschränkte Sicht über ganz Mainz aus einer gänzlich ungewohnten Perspektive. Die dahinterliegende Hügelkette des Taunus scheint da den genau passenden Rahmen für das Stadtbild abzugeben. Aber wo sind jetzt die Kirchen? Links außen ragt die 80 Meter hohe und an St. Peter in Rom erinnernde Kuppel der größten evangelischen Kirche von Mainz, der Christuskirche, aus dem Dächermeer heraus. Die einst als Gegengewicht zum Mainzer Dom gedachte Kirche wurde nach Plänen des Stadtbaumeisters Eduard Kreyßig errichtet. Rechts davon springen die markanten Zwiebeltürme der zu den bedeutendsten Barockbauten der Stadt zählenden Peterskirche ins Auge.

Zwischen St. Peter und dem Dom ist der originalgetreu rekonstruierte Turmhelm von St. Quintin zu sehen. St. Quintin gilt als die Pfarrkirche der ältesten nachgewiesenen Pfarrei der Stadt.

Seit 1.000 Jahren prägt der im Lauf der Jahrhunderte gewachsene Dom St. Martin das Stadtbild von Mainz und ist von hier oben in seiner ganzen Dimension zu sehen.

Schließlich fällt der Blick auf die Kirche des Priesterseminars. Weil sie mit den Konvents- und Seminargebäuden umbaut ist, ist von der Kirche nur die mächtige, jedoch turmlose Fassade zu sehen, die sich über die anderen Gebäude der Altstadt reckt.

Adresse Zitadelle, 55131 Mainz-Oberstadt | ÖPNV Bus 64, 65, 90, 92, Haltestelle Zitadellenweg/Bahnhof Römisches Theater | Tipp Von der Zitadelle aus führt ein Fußweg mitten in die Altstadt. Alle von oben gesehenen Kirchen können – beginnend mit der Augustinerkirche in der Augustinerstraße – mühelos auf einem Spaziergang miteinander verbunden werden.

54 Das Krankenhaus auf dem Kästrich

Wohnen, wo früher operiert wurde

Das erste St. Vincenz und Elisabeth Hospital war im Fürstenberger Hof untergebracht. Am 18. Mai 1850 wurde die erste Patientin aufgenommen. Und die ersten beiden Schwestern nahmen an diesem Tag ihren Dienst auf. Die gute Betreuung der Kranken durch die vom Mutterhaus aus Straßburg nach Mainz gekommenen Vincentinerinnen sprach sich schnell herum.

Die Situation der Krankenbetreuung in Mainz muss Mitte des 19. Jahrhunderts allerdings allgemein gesehen verheerend gewesen sein. Eine missliebige Verwaltungs- und Wirtschaftsführung, unbrauchbare weltliche Krankenpflegedienste und die maroden, beengten Einrichtungen konnten jedem Heilungsprozess nur entgegenwirken. Zudem musste man sich auf Kriegszeiten gefasst machen.

Das Krankenhaus im Fürstenberger Hof platzte bald aus allen Nähten. Neue Räumlichkeiten mussten her. Auf dem Kästrich entstand im Sommer 1870 mit dem zweiten Hospital ein für die Zeit modernes Krankenhaus. Als allerdings Mitte der 20er Jahre feststand, dass die medizinischen Einrichtungen sowie die Ausstattung nicht mehr zeitgerecht waren und es wieder ein Platzproblem gab, hatte das von den Vincentinerinnen geführte Haus auch hier keine Zukunft mehr. Ausbaumöglichkeiten waren am mittlerweile dicht bebauten Kästrich nicht gegeben, die Lärmbelästigung durch die angrenzende Brauerei zudem erheblich.

Als 1936 der Umzug des St. Vincenz und Elisabeth Hospitals in das nächste – inzwischen dritte – Gebäude, die umgebaute und erweiterte frühere Elisabeth-Kaserne am Fort Elisabeth, anstand, wurde das alte Hospital, das auch Sterbeort eines der Pioniere der Luftschifffahrt, Paul Haenlein (1835 – 1905) war, verkauft und steht seitdem als Wohnraum zur Verfügung. Erst auf den zweiten Blick sieht man dem heutigen Wohnhaus seine Vergangenheit an.

Adresse Kästrich 12, 55116 Mainz-Oberstadt | ÖPNV Bahn 50, 51, 52, Haltestelle Am Gautor | Tipp Tipp Das Gebäude befindet sich zwischen der Kupferberg-Terrasse und der Gaustraße. In diesem Quartier lässt es sich schön bummeln.

55___Der höchste Punkt der Stadt
Beste Aussicht vom früheren Stützpunkt

Ebersheim ist der höchstgelegene Stadtteil von Mainz. An der Grenze zu Zornheim und Nieder-Olm, aber noch auf Stadtgebiet, befindet sich der südlichste und mit 245 Metern auch höchste Punkt der Stadt mit einer beeindruckenden 360 Grad Rundumsicht.

Zu lokalisieren ist die seitlich der Kreisstraße gelegene Stelle, an der früher ein Infanteriestützpunkt für eine Kompanie gestanden hat, am einfachsten durch die dort postierten Windräder. Zur Orientierung dient auch ein Wasserspeicher, der seinerzeit inmitten des Forts gelegen hätte.

Zwischen 1909 und 1911 wurde auf einem Terrain von circa 16 Hektar das mehrstöckige, für 291 Mann ausgelegte Fort Muhl erbaut. Als Hauptwerk der »Selzstellung« sollte es als der Festung vorgeschobenes Verteidigungswerk einem möglichen Angriff Frankreichs standhalten. Ausgestattet wie eine kleine Stadt, verfügte das Fort über eine eigene Strom- und Wasserversorgung, einen Verbands- und Operationssaal sowie Küchen und Vorratsräume.

Mehr als 300 Bunker und Stützpunkte gehörten bis zum Beginn des Ersten Weltkrieges auf einer Länge von 26 Kilometern zur »Selzstellung« rund um Mainz. Halbkreisförmig zogen sie sich wie ein Gürtel durch die rheinhessischen Ortschaften Heidesheim, Wackernheim, Ober-Olm, Nieder-Olm, Zornheim, Ebersheim und Gau-Bischofsheim. Mit einer kleinen Festungsbahn wurde der Bunkerring auf einer Strecke von über 40 Kilometern erschlossen.

Nach dem Ersten Weltkrieg wurde der Festungsgürtel aufgrund der Bestimmungen des Versailler Vertrages aus dem Jahr 1919 abgebaut und eingeebnet. Damit war auch das Ende von Fort Muhl und der Festungsbahn besiegelt.

Die Sprengung des Forts erfolgte 1922. Noch viele Jahre waren die verbliebenen Trümmer ein beliebtes Ausflugsziel für Veteranenvereine und spannende Spielplätze. Seit Dezember 2006 steht das Gelände des ehemaligen Fort Muhl unter Denkmalschutz.

Adresse zwischen Mainz-Ebersheim und Zornheim, an der K15, 55129 Mainz-Ebersheim | ÖPNV Bus 66, 67, Haltestelle Zornheimer Straße (Mainz-Ebersheim) oder Konrad-Adenauer-Straße (Zornheim), Fußweg | Tipp In Ebersheim wird feines Bier nach dem Reinheitsgebot von 1516 gebraut. Ein Blick ins Sudhaus kann montags, mittwochs, freitags und samstags geworfen werden, www.rheinhessen-braeu.de.

56 Das Hochwasserpumpwerk

Monolith auf Wasserader

Betriebsgebäude zählen zur technischen Infrastruktur einer Stadt. Viel zu oft werden sie ohne jeglichen Gestaltungsanspruch erstellt. Anders ist das bei dem 2009 erbauten Hochwasserpumpwerk Gaßnerallee mit seinem Hochwasserschutz-Hubwehr, das weltweit als eines der größten seiner Art gilt. Es liegt unweit der Kaiserbrücke am nordwestlichen Rand des Zoll- und Binnenhafens und unmittelbar am Rhein. Der quaderförmige, neun Meter hohe Kubus aus anthrazitfarbenem Beton mit gekanteten Seiten und Traufen umhüllt das Pumpwerk und das Auslassbauwerk.

Dunkel und schwer auf der Kaimauer am Wasser gelegen, mag es an die auf Felsen emporragenden Burgen entlang des Rheintals erinnern.

Im Sinne der »architecture parlante«, einer ihren Zweck ausdrückenden Architektur, soll der fenster- und fugenlose Bau als schwerer Monolith erkennbar sein, der auf einer Wasserader lagert. Eine technische Anlage in solch anspruchsvolle Architektur »verpackt«, soll der Umstrukturierung des Zollhafengeländes zum Stadtquartier vorgreifen. Und eine Aufwertung dieses Abschnitts bedeuten. Das technische Innenleben des Pumpwerks ist hochmodern. Bis zu 22.000 Liter pro Sekunde – was bei einem Starkregen dem Niederschlagswasser der gesamten Innenstadt gleichkäme – können über einen Kanal unter dem Gebäude in den Rhein geleitet werden. Die Gesamtanlage ist wegen dieser hohen Wassermenge in Stromrichtung positioniert.

Wer die Treppen an der Kaimauer hinabsteigt, dem offenbart sich eine interessante Aussicht in Richtung der Kaiserbrücke und der Container-Terminals des Industriehafens. Über dem Auslasswerk spannt sich eine Fußgängerbrücke, die Einblick in den tiefen Raum des unterirdischen Gebäudeteils mit seinen Pumpenschächten und der Hubwehranlage gewährt.

Das beständige Plätschern aus dem seitlichen Betonrohr stammt übrigens vom Gonsbach, der hier seinen Weg in den Rhein findet.

Adresse Gaßnerallee, 55120 Mainz-Neustadt | **ÖPNV** Bahn 70, Bus 47, 58, Haltestelle Straßenbahnamt/MVG | **Tipp** Für einen interessanten Rundumblick auf das Pumpwerk sowie auf die City lohnt der Weg zur nah gelegenen Kaiserbrücke, die über wenige Stufen zu Fuß zu erreichen ist.

57__Der Holzturm

Endstation des Schinderhannes

Am 24. Oktober 1803 beginnt im damals französisch besetzten Mainz ein für die Zeit einmaliger Prozess. Er endet für 20 Angeklagte mit dem Todesurteil. Es wird vor einer großen Zuschauermenge am 21. November 1803 auf dem Gelände des heutigen Stadtparks und Rosengartens vollstreckt. Weitere 28 finstere Gesellen landen im Kerker. Unter den Hingerichteten befand sich der knapp 20-jährige, damals wie heute bekannteste Räuberhauptmann Deutschlands, der Schinderhannes.

Vorläufige Endstation für den vor 1780 in Miehlen bei Nastätten als Sohn eines Abdeckers geborenen Halunken war nach seiner Ergreifung das oberste Geschoss des Holzturms. Hier war Schinderhannes, der mit bürgerlichem Namen Johannes Bückler hieß und dessen krimineller Werdegang im Hunsrück um 1796 begann, die 16 Monate bis zur Vollstreckung seines Todesurteils inhaftiert.

Der Name des markanten Turms in der Altstadt leitet sich von dem vor seinem Tor befindlichen Holzstapelmarkt ab. Als Eckturm war er Teil der bis zum 13. Jahrhundert durch die Holzstraße verlaufenden Stadtmauer. In der Vergangenheit auch als Wachturm und Stadttor eingesetzt, ist der Turm bis heute am ehesten als letztes Gefängnis des Schinderhannes bekannt.

Dieser trieb vor allem im Hunsrück sein Unwesen. Seine Verbrechen sind in den Moritaten von Carl Zuckmayer verewigt. Bis heute gibt es keine Einigkeit darüber, ob Schinderhannes nur ein skrupelloser Räuber und Mörder – oder aber ein Helfer der Armen und Teufelskerl nach Robin-Hood-Art war. Wichtig ist, dass der Mythos erhalten bleibt.

Man vermutet, dass es tatsächlich das Skelett des Schinderhannes ist, das bis heute in der Anatomie der Universität Heidelberg aufbewahrt wird. Weil Mainz eine besonders enge Verbindung zu ihm hat, wurde das Jahr seines 200. Todestags 2003 in Mainz zum »Schinderhannes-Jahr« erklärt.

Adresse Holzstraße/Ecke Rheinallee, 55116 Mainz-Altstadt | **ÖPNV** Bus 60, 61, 71, 90, Haltestelle Holzturm/Malakoff-Passage | **Öffnungszeiten** Der Turm ist für die Öffentlichkeit nicht zugänglich. | **Tipp** Es lohnt ein Blick in die aufgrund der Rheinuferaufschüttung unter dem Straßenniveau befindliche Tordurchfahrt. Hier sind die Hochwassermarken der Stadt angebracht, unter anderem die des bisher höchsten Hochwassers in Mainz, als am 28. November 1882 der Rheinpegel auf 7,95 Meter stieg.

58 Der Isis-Tempel
Römische Kultur im Einkaufscenter

Eine beeindruckende museale Inszenierung mitten in der City ist das Isis- und Magna-Mater-Heiligtum.

Lichteffekte, wie die Installation eines Sternenhimmels, wie er 69 nach Christus nachts über Mainz leuchtete, und die ansprechende Präsentation der in der Höhenlage des Originalfundorts gezeigten Fundamente erlauben einen eindrucksvollen Blick in die Vergangenheit. Die Lotharpassage zählte als in die Jahre gekommene Einkaufsmeile aus der Nachkriegszeit nicht gerade zu den Glanzstücken der Stadt. Etwas Modernes musste her. Ein multifunktionales Einkaufszentrum mit Parkgarage, Wohnungen, Praxen und Geschäften sollte neuer Anziehungspunkt dieser bis dahin nicht sonderlich attraktiven Ecke in der Mainzer Innenstadt werden.

Nach Abbruch der alten Passage aus den 50er Jahren wurden bei Aushubarbeiten für die Tiefgarage der heutigen Römerpassage 2000/2001 die Fundamente eines bis dato unbekannten Heiligtums für die Göttinnen Isis und Magna Mater entdeckt. Was zu einer erheblichen Bauverzögerung führte.

Sicherlich die beste Idee war es, die Tempelrekonstruktion der Allgemeinheit als kulturelles Highlight des Konsumtempels in einem eigenen unterirdischen Schauraum zugänglich zu machen.

Der Tempel wurde vermutlich bis ins 3. Jahrhundert nach Christus genutzt und ist der altägyptischen Gottheit Isis sowie der römisch-orientalischen Magna Mater geweiht. Wie Funde gezeigt haben, wurden den Göttinnen in erster Linie Speiseopfer dargebracht. Weil nördlich der Alpen bisher nur ein einziges weiteres »Isarium« bekannt ist, gilt der Fund als wissenschaftliche Sensation. Dies auch vor dem Hintergrund, dass es außerhalb Italiens bisher keinen Beleg für eine gemeinsame Verehrung von Isis und Magna Mater an einem Ort gegeben hat. Dass es gerade in Mainz eine derartige Tempelanlage gab, mag mit dem hier zu römischer Zeit ausgeübten Drusus-Kult zusammenhängen.

Adresse Taberna archaeologica und Heiligtum der Isis und Magna-Mater, Römerpassage 1, 55116 Mainz-Altstadt, www.isis-mainz.de | **ÖPNV** Bus 6, 64, 65, Haltestelle Neubrunnenplatz/Römerpassage | **Öffnungszeiten** Mo–Sa 10–18 Uhr | **Tipp** Am 1. März 1962 hat das »Como Lario« als erstes italienisches Speiselokal in Mainz eröffnet. Generationen von Mainzern haben hier in der Neubrunnenstraße, wo die Kellner noch im weißen Jackett und mit schwarzer Fliege bedienen, ihre erste Pizza gegessen – die heute noch genauso gut wie damals schmeckt! Tel. 06131/234028.

59__ Der Kaiserbalkon

Weitsicht bis auf den Großen Sand für Wilhelm II.

Schon Napoleon nutzte den »Großen Sand« als Gelände für Militärmanöver. Das zwischen Mombach und Gonsenheim gelegene Binnendünengelände bot mit seinem sandigen Boden und seiner weiten, steppenartigen Fläche die optimalen Bedingungen für Truppenübungen und Manöver jeglicher Art.

Kaiser Wilhelm II. (1859–1941) setzte die Tradition fort. Regelmäßig ließ er während seiner Ära Kaisermanöver und -paraden auf dem »Großen Sand« abhalten, die zwischen 1898 und 1913 sogar persönlich von ihm abgenommen wurden. Von der Kur in Wiesbaden aus reiste er mit dem Zug an und stieg an der Waggonfabrik oder dem Bahnwärterhaus aufs Pferd. Von dem schmiedeeisernen Balkon an dem historischen Rotklinkerbau der früheren »Alten Waggonfabrik« hat er dann einen besonders guten Ausblick auf das Geschehen gehabt. Der schmucke »Kaiserbalkon« ist damit wohl die einzige Erinnerung an das Manövergeschehen.

Die »Chaisenfabrik«, Vorgängerunternehmen der »Waggonfabrik«, wurde 1820 von Joseph Gastell in Mainz gegründet. Die Produktionsstätte für Kutschen war bis 1845 in der heutigen Ludwigsstraße 9 und 11 zu Hause. Weil im Lauf der politischen Entwicklungen keine Industrieansiedlungen mehr innerhalb der Festungsanlagen erlaubt waren und Erweiterungsbedarf bestand, expandierte der Familienbetrieb vor die Tore von Mainz. Hier wurden Eisenbahn- und Straßenbahnwaggons gefertigt, noch bevor der erste Gleisanschluss in Mainz bestand.

Erst 1859, mit der Fertigstellung der Bahnlinie Mainz-Bingen, erhielten die Mombacher ihren ersten Personen- und Güterbahnhof, der die industrielle Produktion weiter vorantrieb. An dieses Kapitel Mainzer Industriegeschichte erinnert bis heute der Haltepunkt »Waggonfabrik« an der Bahnstrecke Mainz-Alzey. Das Areal der Waggonfabrik wird inzwischen von verschiedenen hier ansässigen Künstlern, Handel, Industrie und Logistikunternehmen genutzt.

Adresse Ecke Am Schützenweg/Turmstraße, 55120 Mainz-Mombach | **ÖPNV** Bahn 50, 51 und Bus 62, 63, Haltestelle Turmstraße | **Öffnungszeiten** nur von außen zu besichtigen | **Tipp** Auf dem ehemaligen Industriegelände nutzen Künstlerinnen und Künstler aus Mainz und Umgebung von der Stadt zur Verfügung gestellte Räume, in denen sie ihrer Kreativität Gestalt verleihen können. In der Museumsnacht oder am Tag des offenen Ateliers kann man ihnen über die Schulter schauen, weitere Informationen unter www.mainz.de.

60__ Die Kaiserbrücke
Historische Direktverbindung

Zweieinhalb Kilometer stromabwärts der Theodor-Heuss-Brücke wird der Rhein von der Kaiserbrücke überspannt. Südlich des Zoll- und Binnenhafens, inmitten des Industriegebietes gelegen, ist sie von der Innenstadt aus kaum zu sehen. Auch der Weg dorthin, über mit Lastschwerverkehr befahrene Straßen und vorbei an Container-Terminals, ist nicht reizvoll. Und lohnt sich dennoch. Denn vom Rad- und Fußweg der Kaiserbrücke bieten sich ganz neue Perspektiven auf das Mainzer Ufer.

Salutschüsse kündigten am 1. Mai 1904 den Hofzug Kaiser Wilhelms II. an, der zur Einweihung der zwischen 1901 und 1904 errichteten, 800 Meter langen Brücke anreiste. Nach dem Bau der Eisenbahnbrücke zwischen Weisenau und Gustavsburg, 1859 bis 1862, war die Kaiserbrücke die zweite Eisenbahnbrücke über den Rhein, der an dieser Stelle durch die Petersaue in zwei Arme geteilt wird.

Erst die Erweiterung des Stadtgebiets hatte die von der Neustadt aus nach Wiesbaden führende Direktverbindung möglich gemacht. Der Rhein wurde dabei um 500 Meter verengt und neue Fläche für Mainz gewonnen.

Der Bau der Kaiserbrücke diente militärischen Zwecken: Im Südwesten wurde eine Verbindung zwischen dem Norden des Deutschen Reiches und den Grenzgebieten Elsass und Lothringen gebraucht. Sein militärstrategischer Wert wurde dem Bau zum Verhängnis. Deutsche Truppen sprengten ihn 1945, um nachrückenden amerikanischen Truppen die Rheinüberquerung zu erschweren.

Erst 1954 erfolgte der Wiederaufbau als Kastenbrücke, und am 17. Mai 1955 konnte die Kaiserbrücke wieder in Betrieb genommen werden. Seit Sonntag, dem 22. Mai 1955, rollt der Zugverkehr wieder auf der Strecke Mainz–Wiesbaden. Ob die Geschichte, dass Benito Mussolini, der spätere Diktator von Italien, für ein paar Monate als schlichter Arbeiter beim Bau der Kaiserbrücke geholfen habe, wahr ist, dafür gibt es keine Beweise.

Adresse Gaßnerallee, 55120 Mainz-Neustadt | **ÖPNV** Bahn 70, Bus 47, 58, Haltestelle Straßenbahnamt/MVG | **Tipp** Die Brücke ist Bestandteil der »Route der Industriekultur Rhein-Main«. Dazu zählen etwa 700 Bauwerke und Ensembles. Besichtigungen lassen vor Ort regionale Zusammenhänge an konkreten Beispielen lebendig werden. Einmal jährlich werden industriekulturelle Orte bei den »Tagen der Industriekultur Rhein-Main« bespielt und inszeniert, www.krfrm.de.

61_ Die Kanonenkugeln
Beweis für Standfestigkeit – oder eine Geschichte?

Nach dem massiven Beschuss der Stadt durch Kanonen der Koalitionstruppen im Juni 1793 brannten Kirchen und Häuser im Zentrum. Die Liebfrauenkirche und den Dom hatte es besonders erwischt, ebenso die sie umgebenden Häuser.

Die kleinen, mit der Jahreszahl 1793 hübsch bemalten, in der Hauswand am Markt 35 steckenden Kugeln sind Zeugnis dieses Angriffs und der Gegenstand diverser Stadtführungen. Die Touristen und mancher Mainzer sind beeindruckt!

Das Eckhaus ist aber mindestens zweimal zerstört worden. Zuerst 1793 und zum zweiten Mal, als ein Bombenhagel im Zweiten Weltkrieg die Altstadt zerstörte. Beim Wiederaufbau 1956 sollen die beiden Kanonenkugeln im über die Jahrhunderte intakt gebliebenen Keller gefunden worden sein. Nun können sich zwar Kanonenkugeln tatsächlich an der Stelle befinden, wo sie einschlugen – ein Beispiel dafür ist am Braunschweiger Dom zu finden –, vor dem Hintergrund der mehrmaligen Zerstörung des Hauses am Markt war das hier allerdings nicht möglich. Aber vielleicht wollte der jüngste Bauherr potenziellen neuen Belagerern die Standfestigkeit seines Hauses demonstrieren? Oder Gästeführern eine feine Geschichte bieten?

Nachdem die strategisch wichtige Festung Mainz 1792 von französischen Truppen besetzt worden war, planten die Koalitionstruppen Preußens und Österreichs ein Jahr später die Rückeroberung. 32.000 in erster Linie preußische Soldaten kesselten die Stadt, verstärkt von 12.000 Österreichern, am 14. April 1793 ein. Doch weder die Belagerung noch die Verhandlungen der um eine friedliche Lösung zugunsten der Stadt bemühten Preußen verhalfen zum gewünschten Erfolg.

Erst durch die Bombardierung der Stadt am 17. Juni 1793 konnte Mainz von den Verbündeten zurückerobert werden. Mitte Juli hatte das preußische Bombardement erreicht, was auf friedlichem Wege nicht möglich schien: Die französische Garnison kapitulierte.

Adresse Markt 35, 55116 Mainz-Altstadt | **ÖPNV** Bus 28, 54–57, 60–65, 70,71, 90, 91, 99, Haltestelle Höfchen/Listmann | **Tipp** Kanonenkugeln aus nächster Nähe können auf Anfrage auch im Innenhof des Schott'schen Musikverlages betrachtet werden, www.schott-music.com.

62 Das Kellertor

Ein Überbleibsel Mainzer Braukultur

Am obersten Ende der Emmerich-Josef-Straße befindet sich der rundbogige Hauptkellereingang der früheren »Mainzer Aktien-Bierbrauerei«. Der Stollen, vor dem das 1859 als »Point de vue« der Emmerich-Josef-Straße eingesetzte Tor steht, ist letzter erhaltener Teil eines weitverzweigten Netzes, das auch die tiefsten Geschosse der benachbarten Sektkellerei umfasste. Der in das darüber liegende Parkhaus sowie auf den Kästrich führende Eingang ist für die Bewohner der Anlage per Schlüssel und Nutzer des öffentlichen Parkhauses mit Parkkarte zugänglich.

Zeitweise über 30 Hausbrauereien mit eigener Braustube gab es noch im 19. Jahrhundert in Mainz. Konkurrenz stand den kleinen Betrieben ins Haus, als 1856 erstmals eine Brauerei auf Aktienbasis in der Stadt gegründet werden sollte. 1859 entstand als Vorläufer der späteren »Mainzer Actien-Bierbrauerei« (MAB) die »Brey'sche Aktien-Bierbrauerei«. Zwischen 1860 und 1863 wurde eine moderne Großbrauerei mit eigener Mälzerei auf dem Kästrich errichtet. Der Grundstein für die Mainzer Aktienbräu (MAB) war gelegt. Schon 1872, als die Umbenennung erfolgte, zählte die MAB zu den größten Brauereien in Westdeutschland.

Die räumliche und wirtschaftliche Entwicklung von Mainz war durch den Festungsgürtel stark eingeschränkt. So kam es 1840 zu der aufwendigen Erschließung und Terrassierung des ebenfalls noch innerhalb der Festungsmauern gelegenen Kästrich-Weinbergs. Neben den mit dem Bau entstandenen neuen Kellerebenen konnten von bereits aufgegebenen Privatbrauereien stammende Kelleranlagen von der Großbrauerei für die Kühlhaltung genutzt werden. Solange die Winter kalt genug waren, konnte mit den im Rhein gewonnenen Eisblöcken gekühlt werden. Doch schon der milde Winter im Jahr 1876 / 77 erforderte eine neue Lösung. Eine der ersten Kühlmaschinen, die »Linde Nr. 3«, wurde in den riesigen Gewölben installiert. Zwischen 1879 und 1983 produzierte sie täglich circa 400 Zentner Eis.

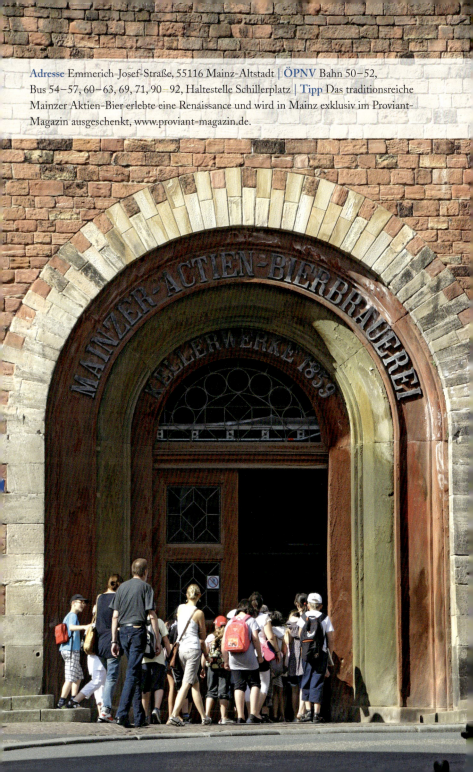

Adresse Emmerich-Josef-Straße, 55116 Mainz-Altstadt | **ÖPNV** Bahn 50–52, Bus 54–57, 60–63, 69, 71, 90–92, Haltestelle Schillerplatz | **Tipp** Das traditionsreiche Mainzer Aktien-Bier erlebte eine Renaissance und wird in Mainz exklusiv im Proviant-Magazin ausgeschenkt, www.proviant-magazin.de.

63 Die Kirschbäume

Nein, wir sind nicht in Kyoto!

Ein Himmel voll rosaroter Wölkchen und dann auch noch ein rosaroter Teppich. Wem der Weg in die Kirschhaine Kyotos zu weit ist, der macht ab etwa Mitte April einen Spaziergang in der mit japanischen Nelkenkirschen bestückten Ritterstraße in der Oberstadt. Eine ganze Allee der Prunus serrulata »Kanzan« entfaltet dort ihre Pracht, meist leider allerdings nur für wenige Tage. Je nach Witterung ist Anfang Mai der rosarote Traum meist schon vorüber.

Die Form »Kanzan« ist in Japan weniger bekannt, jedoch in Deutschland aufgrund ihrer großen, fülligen dunkelrosa Blüten beliebt.

Leider sind die Bäume in der Ritterstraßen-Allee in die Jahre gekommen. Das Mainzer Grünamt bezeichnet die 50 bis 60 Jahre alten Exemplare als »etwas vergreist«, ihre Vitalität neige sich dem Ende zu. Bleibt zu hoffen, dass die Allee den Mainzern noch recht lange erhalten bleibt.

Als Mainz seine die Kernstadt umgebenden Festungsanlagen nach dem Versailler Friedensvertrag von 1919 schleifen musste, bot sich die Gelegenheit, das Gebiet mit von Grün durchzogenen Wohngebieten und vielen Erholungsflächen zu gestalten. Das Ergebnis gefiel auch den hochrangigen Verwaltungsbeamten und Offizieren der französischen Besatzung (1918–1930), die sich hier gern niederließen. Der Name der Wohnstraße mit den herrschaftlichen Villen geht auf einen Mainzer Architekten der Barockzeit, Anselm Franz von Ritter zu Groenesteyn (1682–1765), zurück. Für die architektonische Gesamtkomposition der zwischen 1922 bis 1925 für verschiedene Bauherren errichteten Wohnhäuser war der ebenfalls aus Mainz stammende Architekt Friedrich Schütz verantwortlich. Zu jener Zeit war es extraordinär, etwas Blühendes vor der Haustüre zu haben.

Die heute die Häuser zierenden Kirschbäume stammen nicht mehr aus der Erstbepflanzung. Diese ist vermutlich in der Not des letzten Krieges der Axt zum Opfer gefallen.

Adresse Ritterstraße, 55131 Mainz-Oberstadt | **ÖPNV** Bus 64, 65, 90, 92, Haltestelle Ritterstraße | **Tipp** Von der Ritterstraße aus empfiehlt sich ein Spaziergang durch die Straße »Am Rosengarten«, unter schattenspendenden Platanen vorbei an vielen weiteren schönen Villen in den tatsächlichen Rosengarten.

64 Der Klostergarten

Spiritueller Rückzugsort inmitten der Stadt

Zum Gestaltungsprinzip eines Klostergartens gehört die Übertragung der Kreuzform. Auch in die Gestaltung des zum Kloster der Klarissen-Kapuzinerinnen von der Ewigen Anbetung gehörenden Klostergartens wurde sie miteinbezogen.

Gewollt war die Erhaltung und Integration des mit Kopfsteinen gepflasterten Gedächtnisweges, der vom Eingang des Gewölbekellers, in dem am 27. Februar 1945 während der Bombardierung von Mainz 41 Schwestern den Tod fanden, in geschwungener Linie zum wiederaufgebauten Kloster führt. Das Wegekreuz des neuen Klostergartens wird von dem Weg durchschnitten und so eine Verbindung zwischen der Vergangenheit und der Gegenwart geschaffen.

Das Kloster der Klarissen-Kapuzinerinnen wurde am 21. Juni 1860 gegründet. Als es 85 Jahre später in jener Bombennacht zerstört wurde, war mit dem Tod der Schwestern fast der ganze Konvent ausgelöscht. Nach dem Krieg erfolgte der Wiederaufbau an derselben Stelle.

Lange war die zum Kloster gehörende Fläche an der Rückseite des städtischen Parkhauses an der Gymnasiumstraße ein mit Kies aufgeschüttetes Brachstück. Alle Versuche der dem Konvent heute angehörenden neun Schwestern, die hier ein Leben in strenger Klausur nach den Regeln der heiligen Klara von Assisi führen, dem wuchernden Unkraut Herr zu werden oder den Grund gar zu bepflanzen, schlugen fehl. Sich selbst einen Garten zum 150-jährigen Jubiläum schenken? Weil die Schwestern in Armut und nur von Spenden leben, schien das nicht möglich. Hilfe kam seitens der Stadt. Pünktlich zum Jubiläum, am 20. Juni 2010, war der Klostergarten, ein spiritueller Raum mitten in der Innenstadt, fertig. So ist der »private Stadtgarten« hinter der hohen Mauer der einzige Ort, an dem sich die Klarissen-Kapuzinerinnen außerhalb des Klostergebäudes aufhalten. Und selbst Ente Irene mit ihren Küken fühlt sich so wohl, dass sie den Garten zu ihrer festen Adresse auserkoren hat.

Adresse Klarissen-Kapuzinerinnen von der Ewigen Anbetung, Gymnasiumstraße 7, 55116 Mainz-Altstadt | **ÖPNV** Bahn 50–52, Bus 28, 54–57, 60–63, 71, 90–92, Haltestelle Schillerplatz | **Öffnungszeiten** nach Absprache zu besichtigen, Tel. 06131/225981, www.klarissen-kapuzinerinnen-mainz.de | **Tipp** Jedes Jahr am 27. Februar, 18 Uhr, findet zum Gedächtnis an die verstorbenen Schwestern eine Eucharistiefeier statt, die im Keller ihren Anfang nimmt. Täglich steht die Kapelle zum Gebet offen.

65 Die Kunsthalle

Vom Kesselhaus zum Kunstquartier

In der umgebauten »Central-Maschinenhalle«, der früheren Energiezentrale des Zoll- und Binnenhafens, ist seit dem 1. März 2008 die Kunsthalle beheimatet. Unverwechselbares Erkennungsmerkmal des Museums für Zeitgenössische Kunst ist der aus dem Ausstellungsgebäude ragende »Schiefe Turm«. Als wollte er dem Hafenbecken etwas näher sein und damit eine Verbindung zu der ursprünglichen Vergangenheit der Energiezentrale des Zollhafens herstellen, neigt er sich dem trüben Wasser in einem Neigungswinkel von sieben Grad entgegen.

Einen grandiosen Ausblick über diesen Teil der Mainzer Neustadt, das Zollhafen-Areal und den Rhein erlaubt der Ausstellungsraum im obersten Stock des 20 Meter hohen Turms, der nachträglich zwischen das frühere Kesselhaus und den Lokschuppen, in dem heute ein Café ist, eingebaut wurde.

Im Zuge der Rheinregulierung entstand ab 1880 der Zoll- und Binnenhafen mit seinem 57 mal 135 Meter großen Hafenbecken. Das Becken und die zwischen 1884 und 1887 errichteten Verwaltungs- und Lagerbauten lagen damals innerhalb der um die Neustadt vergrößerten Festungsanlagen. Übrig geblieben sind das ehemalige Maschinen- und Kesselhaus sowie das einstige Weinlagergebäude auf der Südmole, wo heute ein besonders attraktives Wohnviertel am Rand der Mainzer Neustadt entsteht. Die Kunsthalle gilt deswegen auch als das »Zugpferd«, das das Gebiet für mögliche Käufer attraktiver machen soll.

Es waren umfangreiche Restaurierungsarbeiten vonnöten, bis das alte Kesselhaus als Kunsthalle eröffnet werden konnte. Heute erlauben 840 Quadratmeter Ausstellungsfläche auf vier Ebenen variable Installationsmöglichkeiten in großen und hellen Räumen. Sie bieten eine passende Plattform für zeitgenössische Kunst und deren Präsentation. Eine eigene Sammlung unterhält die Kunsthalle nicht. Regelmäßig finden hier Wechselausstellungen statt.

Adresse Am Zollhafen 3–5, 55118 Mainz-Neustadt | **ÖPNV** Bus 58, 70, Haltestelle Feldbergplatz/Stadtwerke Mainz | **Öffnungszeiten** Di, Do, Fr 10–18 Uhr, Mi 10–21 Uhr, Sa, So 11–18 Uhr, www.kunsthalle-mainz.de | **Tipp** Um vor oder nach dem Museumsbesuch noch ein bisschen Hafenluft zu schnuppern, empfiehlt sich von Dienstag bis Sonntag eine Einkehr ins Museumscafé »7 Grad«, Am Zollhafen 3–5, mit Platz zum Draußensitzen, www.7-grad.de.

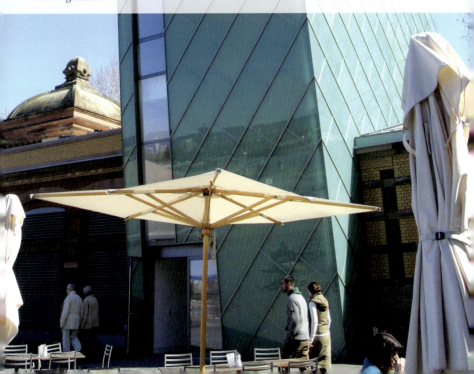

66_ Der Layenhof

Ortsteil mit unendlicher Geschichte

Zwecks An- und Abfahrt ist die Landstraße L 419 ohne jede Alternative. Rund 450 Menschen haben sich dennoch ganz bewusst für ein Leben in dem angrenzenden Finther Stadtteil Layenhof entschieden. Auf den ersten Blick scheint das ehemalige US-Militärgelände wegen seiner peripheren Lage und reduzierten Infrastruktur als Wohnlage nicht besonders geeignet. Nichtsdestotrotz fühlen sich hier seit 1992 Künstler, Kleingewerbler und zahlreiche Familien wohl. Sie alle schätzen die günstigen Mieten und die vielen Möglichkeiten, die das von Wiesen und Wäldern umgebene Gelände bietet.

Wie die Zukunft des Layenhofs, der zu zwei Dritteln zur Stadt Mainz und einem Drittel zur Gemeinde Wackernheim gehört, aussehen soll, ist eine Dauerdebatte, die in ihrem Auf und Nieder zur wechselhaften Vergangenheit des Areals passt.

Auf der Hochfläche der Gemarkungen von Finthen und Wackernheim wurde 1783 der Aussiedlerhof »Leyenhof« gegründet. Dessen Aus kam in den 1940er Jahren durch Zwangsenteignung. Eine scheinbar dort noch betriebene Landwirtschaft diente der Tarnung: Um die Bauarbeiten für den dort geplanten Flugplatz geheim zu halten, wurde das Gelände kurzerhand zum Sperrgebiet erklärt. 1941 wurde Finthen mit der Nutzung des Flugplatzes als Nachtjagdeinsatzhafen Finthen (Deckname »Limonade«) zum wichtigen Stützpunkt in der Reichsverteidigung.

Gegen Ende des Zweiten Weltkrieges wurde hier außerdem ein Außenlager des im Hunsrück gelegenen SS-Sonderlagers Hinzert eingerichtet. Als Zwangsarbeiter eingesetzt, lebten dort zwischen September 1944 und März 1945 je rund 100 luxemburgische und holländische Häftlinge.

Zuerst von den Franzosen genutzt, übernahm 1961 die US-Army den Finther Flugplatz, und der Layenhof diente fortan als Übungsgelände. Auf dem Areal entsteht 1965 die »Finthen Airfield Housing Area«, Grundlage für die heutige Siedlung Layenhof.

Adresse Layenhof, 55126 Mainz-Finthen | **ÖPNV** Bus 58, Haltestelle Layenhof | **Tipp** Der Flugplatz grenzt unmittelbar an den Ortsteil Layenhof. Auf der Sonnenterrasse des Restaurants lässt sich das Treiben beobachten, www.tower-one.de.

67 Die Liebesschlösser

Edelstahl mit Symbolkraft an der Eisenbahnbrücke

Der Ursprung des Brauchs, als Liebesbeweis ein beschriftetes oder graviertes Stahlschloss an ein Brückengeländer zu heften und den Schlüssel ins Wasser zu werfen, ist nicht eindeutig geklärt.

»Komm, sei die Königin in meinem Königreich, ich schenke dir heut ein Schloss am Rhein, mein Reich ist eine Brücke, die führt ins Glück hinein«, hat die Kölner Kultband Höhner einem sich mittlerweile quer durch Europa ziehenden Brauch gleich ein ganzes Lied gewidmet.

Fast genau ein Jahr dauerte die Bauzeit zur Verbreiterung des Geh- und Radweges der südlich der Mainmündung den Rhein zwischen Mainz und Gustavsburg überspannenden Eisenbahnbrücke.

Und seitdem scheint die Zahl der Vorhängeschlösser Woche für Woche zuzunehmen. Was zeigt, dass der Trend in Sachen Zuneigungsbekundungen eindeutig von geschnitzten Initialen im Eichenstamm oder Edding-Herzen auf der Schulbank wegführt.

Ein Liebesschloss mit »individueller und kostenloser Gravur« lässt sich über das Internet heute zwar »schnell, einfach und günstig« bestellen. Und das schon ab inflationären 9,95 Euro. Doch schon bald wird man sich vielleicht auch die Frage nach dem »Wohin damit?« stellen müssen. Zumindest dann, wenn die Verkehrssicherheit gefährdet sein sollte.

So ist in Venedig und Berlin das Anbringen der Schlösser an Brücken bereits strikt verboten. Ebenso in Rom, nachdem eine Laterne unter der Last zusammengebrochen war.

Während in Venedig die Befestigung eines Liebesschlosses an der Rialtobrücke bis zu 3.000 Euro Strafe kosten kann, wird in Köln der fördernde Einfluss auf den Tourismus gelobt.

Und wenn die auf diesem Weg beschworene Liebe doch nicht ewig gehalten hat? Wer zweifelt und das Schloss in einem solchen Fall eventuell noch anderweitig verwenden möchte, sollte sich vielleicht für ein Schloss mit Zahlenkombination entscheiden.

Adresse Eisenbahnbrücke zwischen Mainz und Gustavsburg, 55131 Mainz-Oberstadt | **ÖPNV** Bus 60, 61, Haltestelle Favorite Parkhotel | **Tipp** Vielleicht um einer Überlastung der Eisenbahnbrücke vorzubeugen, haben Verliebte einen zweiten Wallfahrtsort für das Anbringen ihrer Liebesschlösser: Die etwas nördlich gelegene, in Sicht- und Laufweite von der Eisenbahnbrücke befindliche Theodor-Heuss-Brücke.

68 Der Mahlturm

Neues Leben in der ehemaligen Gewürzfabrik

Für die Nachkriegszeit und ihre zumeist rein funktional ausgerichtete Industriearchitektur eher ungewöhnlich war die aufwendige Gestaltung der Gesamtanlage der früheren Gewürzmühle im Zahlbachtal. Als architektonischer Höhepunkt der Spezialfabrik für feine Gewürz-Präparate und Pökelsalze galt aber damals wie heute der im Blickpunkt stehende Bau des Mühlturmes.

Im Jahr 1937 erwarben die Moguntia-Werke das Grundstück sowie das Betriebsgebäude, den heutigen Südflügel der Gesamtanlage, von der Firma Hanau und Co., einer Fabrik für Kinderschuhe. Vor und nach dem Zweiten Weltkrieg wurde das Firmengelände vergrößert und in Form einer »Ehrenhofanlage« – gleich einer symmetrischen Schlossanlage aus der Zeit des Barock – erweitert.

Der Mühlturm wurde den neuen Betriebsanlagen an der Unteren Zahlbacher Straße erst im Jahr 1952 hinzugefügt. Wegen seiner beeindruckenden Höhe von sechs Geschossen galt er damals als höchster Gewürzmahlturm Europas.

Als die Produktion der Moguntia-Werke im Jahr 2001 nach Österreich, zum Sitz der Mutterfirma, verlegt wurde, stand die bedeutende Industrieanlage zu Füßen der Universitätsklinik leer, und der Abriss wurde diskutiert. Angedacht war ein neues, von viel Grün umgebenes Stadtquartier. Entstanden ist ein Gebäudekomplex mit 13.000 Quadratmetern Wohnfläche.

Die in der Architektur des Gewürzmahlturms zum Ausdruck gebrachte Form der »Neuen Sachlichkeit« galt in den 50er Jahren als besonderes Zeugnis des »Wirtschaftswunders« – und konnte mitsamt dem denkmalgeschützten Mühlturm ins neue Jahrtausend gerettet werden. Weil nicht mehr zu sehen ist, wie in ihm gearbeitet wurde, ist sein Zeugniswert als industrietechnisches Denkmal zwar deutlich reduziert, aber dennoch bildet der inzwischen mit exklusiven Loftwohnungen bestückte historische Mahlturm das Zentrum der im Jahr 2009 fertiggestellten Wohnanlage »Moguntia-Höfe«.

Adresse Untere Zahlbacher Straße, 55131 Mainz-Oberstadt | **ÖPNV** Bahn 52, Haltestelle Römersteine/Hildegardis-Krankenhaus | **Tipp** Hinter den »Moguntia-Höfen« geht es etwas steil bergan auf die früheren Wallanlagen unterhalb der Universitätskliniken. Dort verläuft auch der Grüngürtel mit seinen großzügigen Anlagen und lädt zum Spaziergang ein.

69 Der Mainzer Traum

Wasser umsprudelte Szenerie im Fastnachtsbrunnen

Mainzer werden im Schlaf von Engeln bewacht. Und das Mainzer Rad dabei schützend über sie gehalten. Alles nur ein (Mainzer) Traum?

Der aus dem im Jahr 1963 ausgerufenen künstlerischen Wettbewerb als Sieger hervorgegangene Münchner Professor Blasius Spreng goss genau diese Szenerie in Bronze. Mit ein wenig Zeit und Muße ist der von Wasser umsprudelte »Mainzer Traum« zwischen den über 200 Figuren des Mainzer Fastnachtsbrunnens auf dem Schillerplatz tatsächlich zu entdecken.

Von dem um den Sockel schleichenden Kater als Symbol für gewisse Nachwehen wandert der Blick in die Höhe – und da liegt er schon, unser Träumer. Der Betrachter hat auf Anhieb Mitleid mit ihm. Wird doch das Erwachen angesichts des munteren Treibens um ihn herum eher unsanft sein. Werden ihn die Orgelpfeifen und Trompeten mit ihrem Dröhnen wecken? Oder wird sein Schlaf gar von der kleinen Dame im kurzen Röckchen gestört? Und wofür steht der anscheinend im Traum erscheinende Gardeoffizier? Will er das fastnachtliche Treiben in halbwegs geordneten Bahnen wissen?

Der Fastnachtsbrunnen ist eines der Mainzer Wahrzeichen schlechthin. In prominenter Lage dominiert er den Schillerplatz als Spiegel der fünften Jahreszeit seit 1967. Das neun Meter hohe Denkmal ist damit seit über 45 Jahren jedem Mainzer ein Begriff.

Doch wer kennt all die Geschichten des auf fünf Säulen im Wasserbecken ruhenden Turms tatsächlich? Wer das ein oder andere Geheimnis, das sich im Einzelnen in den Darstellungen verbirgt?

Am 14. Januar 1967 wurde das wasserspeiende, von der Nieder-Olmer Familie Eckes-Chantré gestiftete Denkmal enthüllt. Historische Fakten sind in dem Turm aus Bronze eher weniger verewigt. Vielmehr Geschichten, die so viel über den Mainzer und seine Stadt preisgeben, dass schon Bürgermeister Jockel Fuchs bei der Einweihung klar war, dass es »das Mainzer Denkmal schlechthin« ist.

Adresse Schillerplatz, 55116 Mainz-Altstadt | **ÖPNV** Bahn 50–52, Bus 28, 54–57, 60–63, 71, 90–92, 99, Haltestelle Schillerplatz | **Tipp** Thematisch lässt sich der Fastnachtsbrunnen besonders gut mit dem Besuch des Fastnachtsmuseums in der Neuen Universitätsstraße verbinden.

70__Die Marienkapelle
Gut versteckt – mitten in der Altstadt

Die geschickte Verbindung von historischer und moderner Architektur macht das unverwechselbare Erscheinungsbild des Erbacher Hofs in der Altstadt aus. Der frühere Stadthof des berühmten Zisterzienserklosters Eberbach im Rheingau war Treffpunkt für das wirtschaftliche und politische Netzwerk der Zisterzienser, des Erzbischofs und der städtischen Größen. Heute sind dort als Netzwerk der kirchlichen Bildungsarbeit das Tageszentrum und die katholische Akademie des Bistums Mainz vereint.

Zum Mittelpunkt des nur etwa 50 Meter südöstlich vom Dom gelegenen historischen Gebäudekomplexes zählt aber seit jeher die Marienkapelle. Über Treppen, mit Umwegen durch den Süd- wie Nordteil des Westflügels, gelangt man zum Zugang des Gebetsraums im Obergeschoss. Der handwerklich meisterhaft wie schlicht ausgeführte Kapellenbau liegt damit gut versteckt vor den Besuchern der Altstadt. In den Jahren 1975 bis 1977 wurde das vermutlich früheste gotische Bauwerk von Mainz renoviert. In der aufwendig gestalteten Ostfassade im Innenhof, in der Achse über dem Spitzbogen, wurde 1978 das Wappen des damals amtierenden Diözesanbischofs Hermann Kardinal Volk angebracht.

Die westliche Rückseite ist einfacher als die östliche Schaufassade gehalten. Der historische Zugang zum Erdgeschoss-Innern, ein gequadertes Spitzbogenportal, ist noch zu sehen. Die Entdeckung der Wandgemälde bei der Restaurierung der Kapelle stellte eine große Überraschung dar. Kein Strich wurde in den wertvollen Gemälden mit Szenen aus dem Christus- und Marienleben sowie Darstellungen aus dem Neuen Testament nachgezogen oder hinzuerfunden.

Urkundlich erstmals 1177 erwähnt, wurden Abtei und Stadthof während der Säkularisation 1803 aufgelöst und befanden sich anschließend in Privatbesitz. Im Zweiten Weltkrieg teilweise zerstört, erfolgte der Wiederaufbau nach dem Ankauf des Geländes durch das Bistum Mainz 1969.

Adresse Erbacher Hof, Grebenstraße 24–26, 55116 Mainz-Altstadt | **ÖPNV** Bus 60, 61, 71, 90, Haltestelle Fischtor | **Öffnungszeiten** Die Marienkapelle ist zu den Öffnungszeiten der Rezeption des Erbacher Hofs zu besichtigen. Eine Anmeldung ist ratsam, Tel. 06131/257521, www.ebh-mainz.de. | **Tipp** In quasi unmittelbarer Nachbarschaft befindet sich die ebenfalls zum Bistum gehörende und einen Besuch lohnende Martinus-Bibliothek.

71_ Die Martinus-Bibliothek

*Wissenschaftlich-theologische Spezialbibliothek
für jedermann*

Selbst alteingesessene Mainzer, die oft und gerne in den benachbarten Weinstuben einkehren, wissen häufig nichts von der wissenschaftlich-theologischen Spezialbibliothek in der Grebenstraße inmitten der Altstadt. Am 8. November 1662 gegründet, erfüllt sie ihre ursprüngliche Funktion bis heute und kann im November 2012 ihr 350-jähriges Jubiläum feiern. Sie zählt zu den bedeutendsten unter ihresgleichen und ist eine wahre Schatzkammer.

Zu den Öffnungszeiten kann hier schon seit 1968 jeder Interessierte durch die Pforte treten. Auf virtuellem Weg wird das Angebot der Bibliothek zudem weit über die Grenzen des Bistums hinaus und sogar weltweit genutzt.

Durch eine kleine, im großen Tor eingelassene Tür erreicht der Besucher das frühere Klostergebäude. Über wenige Stufen geht es ins Erdgeschoss, zu den Räumen der Kabinettausstellungen, die regelmäßig hier stattfinden und sich meist ausschließlich aus den Beständen der Bibliothek zusammensetzen. Die Ausleihe sowie der Lesesaal befinden sich im Obergeschoss. Nutzern der Bibliothek stehen zur Orientierung Online- und Zettelkataloge, Wandregale mit einschlägigen Lexika sowie theologische Zeitschriften zur Verfügung.

Weil die Räumlichkeiten der Bibliothek des Priesterseminars durch den sich stetig erweiternden Bestand nicht mehr ausreichten, wurde der Arnsburger Hof vom Bistum Mainz gekauft. Das Anwesen war von Beginn an für die damals rund 300.000 vorhandenen Bände, darunter wertvolle Handschriften und Erstdrucke, bestimmt. Die alle Wissensgebiete des 17. Jahrhunderts umfassende Sammlung eines Cousins von Erzbischof und Kurfürst Johann Philipp von Schönborn bildet den Grundstock der Bibliothek. Im Lauf der Zeit hinzugekommen sind unter anderem Stiftungen und Nachlässe privater Sammler, wie 1866 das aus circa 35.000 Bänden bestehende wertvolle Erbe des Ehepaars Schlosser.

Adresse Grebenstraße 8–10, Eingang: Grebenstraße 8, 55116 Mainz-Altstadt | **ÖPNV** Bus 28, 54–57, 60–65, 70, 71, 90, 91, 99, Haltestelle Höfchen/Listmann | **Öffnungszeiten** Mo–Fr 9–12.30 Uhr und 13.30–18 Uhr, Tel. 06131/266-222, www.bistum-mainz.de/martinus-bibliothek | **Tipp** Auf Anfrage sind Führungen durch die älteste, noch ihre ursprüngliche Funktion erfüllende Bibliothek in Mainz möglich.

72 Der Maxborn
Laufbrunnen mit Vergangenheit

Der »Maxborn« wurde 1911 im Auftrag der jüdischen Eheleute August und Johanna Saarbach im Gedenken an ihren früh verstorbenen Sohn Max errichtet.

Der Vater von August Saarbach (1854–1912) – und damit Großvater von Max – war der jüdische Weinhändler Eduard Saarbach. Er hatte 1840 eine auf Spitzenweine des Rhein- und Moselgebiets spezialisierte Weinhandlung gegründet. Sohn August lieferte die Weine später auch an ausländische Kunden. Dazu zählten Vertreter des internationalen Hochadels, amerikanische Millionäre und indische Maharadschas.

Am 7. Juni 1893 besuchte die englische Königin Victoria ihre Tochter Vicky, die Witwe des 1888 verstorbenen Kaisers Friedrich III., in Kronberg. Zu den Gesellschaftsdamen gehörte auch Johanna Saarbach. Königin Victoria erinnerte sich, dass sie den Namen von den Etiketten ihrer Rhein- und Moselweine kannte. So kam das Haus der Saarbachs, Kaiserstraße 36, sogar zu einem Besuch der Königin samt Entourage.

Mitsamt ihren drei Söhnen und drei Töchtern zogen die Saarbachs 1909 in ihre Gonsenheimer Sommervilla in der Heidesheimer Straße. 1910 starb ihr ältester Sohn Max im Alter von nur 15 Jahren an einer schweren Krankheit. Zum Gedenken an ihn ließ die Familie den »Maxborn« errichten und eine Trauerweide pflanzen. Die gebogene Brunnenwand aus Muschelkalk zeigt in der Mitte das Relief eines knienden Knaben mit einem welkenden Blumenstrauß in den Händen. Die jedermann zugängliche Fläche war damals Eigentum der Familie Saarbach. Seit 1912 Witwe, verstarb Johanna Saarbach 1941 in dem jüdischen Altersheim an der Gonsenheimer Hohl (heute Fritz-Kohl-Straße). Ihre Nachkommen waren schon in den 1930er Jahren aus Deutschland geflohen. Der Laufbrunnen führte noch bis zum Zweiten Weltkrieg Trinkwasser. Nach einer umfassenden Restaurierung befindet er sich heute wieder in seinem ursprünglichen Zustand.

Adresse Ecke Lennebergstraße/Heidesheimer Straße 45, 55124 Mainz-Gonsenheim | **ÖPNV** Bus 64, Haltestelle Lennebergplatz | **Tipp** Die Heidesheimer Straße führt aus Gonsenheim hinaus zum Lennebergturm, einem barocken Aussichtsturm aus dem 19. Jahrhundert mit Restaurant, Café und Biergarten, www.turmmainz.de.

73__ Die Mehrzweckhalle

Sportunterricht in der früheren Synagoge

Die kleine Turnhalle auf dem Schulhof wurde mitsamt der Feldbergschule um 1900 nach Plänen des Stadthochbauamtes unter dem Architekten und Stadtbaumeister Adolf Gelius (1863–1945) erbaut. Am 20. März 1942 erlebte der kleine Backsteinbau den dunkelsten Fleck seiner Geschichte, als rund 1.000 jüdische Bürger aus Mainz und Hessen dort versammelt wurden, um in Vernichtungslager abtransportiert zu werden.

Als der jüdische Mainzer Kulturdezernent und Regierungsrat Michel Oppenheim am 17. Oktober 1945 an die französische Militärregierung einen Antrag auf Neubildung der jüdischen Gemeinde in Mainz stellte, wurde noch am selben Tag die Erlaubnis erteilt. Die Wiedergründung fand am 9. November 1945 mit 20 Mitgliedern statt. Die Gemeinde wuchs weiter, und der Wunsch nach einer neuen Synagoge wurde laut. Die finanziellen Mittel waren beschränkt, und so beschlossen die Verantwortlichen im Frühjahr 1947, die kleine Turnhalle der Feldbergschule wiederherzustellen und als »Behelfs-Bethalle« einzurichten. Mainzer Handwerker und Künstler bauten die kriegsbedingt schwer beschädigte Halle innerhalb von nur vier Monaten in ein neues jüdisches Gotteshaus um. Geschmückt wurde die am 10. September 1947 eingeweihte und bis 1952 genutzte Synagoge durch eine aufwendig gestaltete Decke mit ornamentalem Blumendekor.

Ab 1952 wurde die Halle wieder für den Schulbetrieb genutzt. Im Zuge der 2007 durchgeführten Restaurierung des Schulgebäudes war die dortige Aula entfallen. Weswegen die Turnhalle in eine Mehrzweckhalle umgebaut werden sollte. Vor Beginn der Arbeiten wurde auch ein Blick unter die in der Vergangenheit eingezogene Holzdecke geworfen – und die stark beschädigte Deckengestaltung entdeckt. Während des Umbaus der Halle erfolgte auch eine Restaurierung der Malerei. Fehlstellen wurden in vereinfachter Form ergänzt. Und damit ein wichtiges geschichtliches Zeugnis erlebbar gemacht.

Adresse Feldbergplatz 4, 55118 Mainz-Neustadt | **ÖPNV** Bus 58, 70, Haltestelle Feldbergplatz/Stadtwerke | **Öffnungszeiten** Eine Besichtigung der Halle ist auf Anfrage bei der Schulleitung möglich, Sophie-Scholl-Schule Mainz, BBS Mainz II, Feldbergplatz 4, Tel. 06131/6277810, E-Mail: hildegard.kueper@stadt.mainz.de | **Tipp** Von hier aus lässt sich ein Besuch der Grünen Brücke, der Caponniere sowie des Bücherschranks anschließen.

74_ Die Nagelsäule

Das letzte Nagelmonument

Das sieben Meter hohe Monument war das Ergebnis einer Spendenaktion aus dem Jahr 1916. Die Mainzer waren aufgerufen worden, Geld zur Linderung der Kriegsnot, für die Kriegskinderfürsorge und den »Verein für Ferienkolonien« zu spenden. Kindern aus sozial schwachen Verhältnissen wurde so zu Erholungsaufenthalten auf dem Land verholfen. Ein Teil der Spenden ging auch an den »Nationalen Frauendienst«, der sich um die Unterstützung der Soldatenfrauen bemühte. Jeder Spender durfte einen je nach Spendenhöhe unterschiedlich wertvollen Nagel in die Holzsäule einschlagen. Der kleinste kostete eine Reichsmark, der teuerste mit vergoldetem Kopf 20 Reichsmark. Insgesamt kamen in der Zeit vom 1. Juli bis 20. August 1916 170.000 Reichsmark zusammen. Nach heutiger Kaufkraft entspricht dies etwa 800.000 Euro.

Weil seine Standfestigkeit aufgrund der Witterungseinflüsse nicht mehr gewährleistet war, wurde das Monument im Februar 2006 abgebaut. Fast vier Jahre dauerte die rund 370.000 Euro kostende Restaurierung durch das Landesamt für Denkmalpflege, das Römisch-Germanische Zentralmuseum und andere Spezialisten. Seit Herbst 2010 steht die sieben Meter hohe Holzsäule mitsamt den drei um sie herum gruppierten Nebensäulen aus Stein wieder auf dem Liebfrauenplatz.

Die hölzerne Mittelsäule und damit gleichzeitige Hauptsäule besteht aus einem Bündel genagelter Eichenstämme. Sie ist in drei Teile gegliedert. Jeder Abschnitt wird durch eine bestimmte Allegorie charakterisiert. So widmet sich zum Beispiel der untere Streifen in unterschiedlichen Darstellungen dem Thema »Liebe«. Die protestantische und katholische Kirche sowie die damalige jüdische Gemeinde waren als Vertreter unterschiedlicher Glaubensgemeinschaften an der Gestaltung der Rosetten beteiligt. Auf dem Ring finden sich ein Kreuz, die Lutherrose sowie ein sechszackiger Davidstern mit hebräischen Schriftzeichen.

Adresse Liebfrauenplatz, 55116 Mainz-Altstadt | **ÖPNV** Bus 28, 54–57, 60–65, 70, 71, 90, 91, 99, Haltestelle Höfchen/Listmann | **Tipp** Von hier aus lohnt der Besuch des Bischöflichen Dom- und Diözesanmuseums in der Domstraße 3, www.dommuseum-mainz.de.

75 Der Napoleonstein

Denkmal für gefallene Bürger und Veteranen

Der Napoleonstein in Gonsenheim wurde 1839 vom Veteranenverein auf dem damaligen Friedhof aufgestellt, der heute jedoch einem kleinen Park mit hohen Bäumen, der Pfarrer-Grimm-Anlage, gewichen ist. Auf der Stele aus rotem Sandstein, in deren Spitze das von einem Sternenkranz umgebene »N« glänzt, sind außer den elf Gefallenen und deren Armeeeinheiten auch alle damals noch lebenden Mitglieder des Vereins aufgeführt.

Der am diagonal durch die Anlage verlaufenden Hauptweg befindliche Stein gilt als Denkmal sowie als Zeichen der Verehrung von Napoleon I. (1769–1821). In dem am 17. Oktober 1797 geschlossenen Frieden von Campo Formio ist die Abtretung des linken Rheinufers an Frankreich verankert. Mit dem Ergebnis, dass Napoleon Bonaparte den Rhein als Ostgrenze seines Reiches anerkannte, war es nur eine Frage der Zeit, wann die Franzosen erneut in Mainz einrücken würden. Am 1. Januar 1798 war es so weit. Für Mainz und sein rheinhessisches Umland war dies der Anfang einer bis 1814 währenden Zugehörigkeit zu Frankreich. Mit allen Rechten – und Pflichten.

Dass in der französischen Republik eine allgemeine Wehrpflicht galt, kam in Mainz und Umgebung erst mit der endgültigen Machtübernahme Napoleons 1799 zum Tragen – und warf einen maßgeblichen Schatten auf diese Zeit. Denn als französische Untertanen hatten natürlich auch die männlichen Bürger Gonsenheims an den napoleonischen Feldzügen in Portugal, Spanien, Österreich und Russland teilzunehmen. Jahr für Jahr hatte der Gonsenheimer »Maire« alle über 16 Jahre alten männlichen Einwohner auf ihre Tauglichkeit zu prüfen.

Rund ein Viertel der etwa 50 jungen Gonsenheimer, die bei der Seeschlacht von Trafalgar oder dem Kampf um die spanische Stadt Salamanca im Einsatz waren, sind gefallen. Mit dem Tod des letzten napoleonischen Soldaten Anton Appel löste sich der Veteranenverein 1874 auf.

Adresse Pfarrer-Grimm-Anlage (zwischen Breite Straße und Pfarrer-Grimm-Straße), 55124 Mainz-Gonsenheim | **ÖPNV** Bahn 50, 51, Bus 47, Haltestelle Wilhelm-Raabe-Straße | **Tipp** Viele Gonsenheimer schwören darauf, dass es an der Bude von Eis-Mario am Rande des Jux-Platzes das beste Eis von Mainz geben soll. Einfach ausprobieren, während der wärmeren Jahreszeit hat Mario täglich geöffnet.

76__Die Oberleitungsrosetten

Als die Straßenbahn durch die Altstadt ratterte

Wer heute durch die Augustinerstraße in der Mainzer Altstadt bummelt, tut dies in einer verkehrsfreien Zone. Das war nicht immer so, verrät ein Blick nach oben.

Zum Abspannen der Oberleitung wurden in Bereichen beidseitiger Häuserbebauung früher Mauerrosetten an den Hauswänden befestigt. Eine Oberleitungsrosette wird meist aus Gusseisen hergestellt und ist eine spezielle Form der Fahrdrahtaufhängung bei Straßenbahnen. Dass in der Augustinerstraße kein Platz für Oberleitungsmasten gewesen sein kann, ist auf den ersten Blick klar. Rosetten waren so schon aus räumlichen Gründen die einzige Alternative.

Diese Rosetten, die sich hier noch immer an einigen Hauswänden befinden, sind inzwischen die einzigen Relikte, die an die längst eingestellte, hier durchführende Straßenbahnstrecke erinnern. Damit die nach Weisenau führende und anfangs »rote Linie« genannte Route als eine der ersten Strecken der elektrischen Straßenbahn ab dem 1.12.1904 hier durchfahren und sich etwa auf halber Höhe während des Hin- beziehungsweise Rückweges auch kreuzen konnte, mussten sogar einige Häuser niedergelegt werden. Die Route der später dann in »Linie 1« (1919–1963) umbenannten Strecke führte von Weisenau durch die Augustinerstraße, am Höfchen vorbei und über die Kaiserstraße bis zum heutigen Hauptbahnhof – und zurück.

Eine weitere Besonderheit ist übrigens die Position der Rosetten. Entlang des Weges, den der Rosenmontagszug einmal im Jahr durch Mainz nahm – er führte damals auch durch die enge Augustinerstraße – stehen die höher als üblicherweise angebrachten Befestigungen als Zeichen für die wegen der hohen Fastnachtswagen insgesamt höher verlegten Fahrleitungen. Was zwangsläufig zu einer entsprechend längeren Ausführung der Stromabnehmer (»Lyra-Bügel«) auf den Mainzer Straßenbahnstrecken führte.

Im Oktober 1963 wurde der Verkehr der Linie 1 nach Weisenau eingestellt.

Adresse Augustinerstraße, 55116 Mainz-Altstadt | **ÖPNV** Bus 28, 54–57, 60–65, 70, 71, 90, 91, 99, Haltestelle Höfchen/Listmann | **Tipp** Wer sich für die Mainzer Straßenbahngeschichte interessiert, für den ist die Internetseite der Straßenbahnfreunde Mainz e.V. eine wahre Fundgrube, www.strassenbahnfreunde-mainz.de.

77__Der Ornithopter

Flugversuche im Spiel- und Balancierpark

Auf dem früheren Gewerbestandort unmittelbar am Rhein breitet heute ein Ornithopter seine Schwingen aus. Das Schwingflügel-Flugzeug ist die Hauptattraktion des neuen Spiel- und Balancierparks, der an das neue Wohngebiet »An der Helling« angrenzt.

Der schon von Weitem sichtbare Blickfang ist geschickt in die Fluss- und Auenlandschaft, einem international bedeutsamen Rast- und Überwinterungsgebiet für viele Vogelarten, eingebunden. Der Park steht in der Erweiterung des Grünzugs Eleonorenstraße in Richtung Amöneburg und ist ganz auf die Bedürfnisse von Kindern und Jugendlichen in den umliegenden Wohnquartieren ausgerichtet.

Erfunden wurde der Ornithopter von dem Konstrukteur Carl Friedrich Meerwein (1737–1810). Die komplexen Bewegungsabläufe des Vogelflugs mussten in Echtzeit reproduziert werden, um das Gefährt zum Fliegen zu bringen. Meerwein erforschte daher die Größenverhältnisse von Körper und Flügeln verschiedener Vogelarten. Auf seine Person bezogen kam er auf eine Flügelfläche von etwa zwölf Quadratmetern. Der Flugapparat durfte in diesem Fall nur ein maximales Gesamtgewicht von 200 Pfund (100 Kilogramm) aufweisen. Den Kraftaufwand, der notwendig gewesen wäre, um die Flügel zu bewegen, hat Meerwein unterschätzt.

Natürlich ist das stählerne Vogelflugobjekt am Rhein nicht fähig, sich auch nur einen Millimeter vom Boden wegzubewegen. Die aus einer schwingenden Stahlkonstruktion bestehende Spielinstallation will den Flug der Vögel auch nur in spielerischer Form darstellen. Und tatsächlich: Von seiner leichten Anhöhe aus scheint der Ornithopter in Richtung Rhein schier abheben zu wollen.

Eine interessante literarische Erwähnung findet Meerwein übrigens in »Robur der Eroberer« von Jules Verne, der ihn damit in die Liga der »Pioniere des Fliegens mit Apparaten schwerer als Luft« einordnet. Auf die Frage, ob Meerwein tatsächlich geflogen ist, geht er aber nicht ein.

Adresse Spiel- und Balancierpark, An der Helling, 55252 Mainz-Kastel | **ÖPNV** Bus 6, 9, Haltestelle Ruthof (Mainz-Kastel) | **Tipp** Die Rheinwiesen flussaufwärts in Richtung Brückenkopf sind nicht weit entfernt und ein beliebtes Naherholungsgebiet. Von hier aus hat man auch einen schönen Blick auf die gesamte Silhouette von Mainz.

78_ Der Promiweinberg

Zurück zu den Wurzeln: Weinanbau inmitten der Stadt

Der Weinbau hat in Mainz Tradition, seit die Römer hier die ersten Reben zur Versorgung ihrer Truppen setzten. Spätestens seit dem Mittelalter und bis in die Neuzeit waren hier Weinanbau und -handel ein teilweise überregional bedeutender Wirtschaftsfaktor. In noch existenten alten Stadtplänen und Urkunden befinden sich zahlreiche Hinweise auf Weinberge und Reben, die seinerzeit auch innerhalb der Festungsmauern gediehen. So wies Mainz mit rund 451 Hektar einstmals die größte Rebfläche innerhalb einer Großstadt in Deutschland auf. Sie musste jedoch nach und nach dem stetig zunehmenden Bedarf an Bauland in der Stadt weichen.

Bis der Weinanbau vor etwa 100 Jahren vollständig aus der Innenstadt verschwunden war, standen auch am Hang des Jakobsbergs, unterhalb der Zitadelle, die Rebzeilen dicht an dicht.

Dass nun seit 2007 wieder rund 100 Riesling- und Burgunderreben im Schatten des Festungsbaus aus dem 17. Jahrhundert gedeihen, ist dem Mainzer Weinsenat zu verdanken, der damit den Stellenwert von Mainz als Hauptstadt des deutschen Weins vor dem Vergessen retten wollte. Der Ruf scheint wiederhergestellt. Spätestens seitdem die Stadt gemeinsam mit der angrenzenden Weinregion Rheinhessen den Wettbewerb um die Aufnahme in den Kreis der »Great Wine Capitals« (GWC), einem globalen Netzwerk von Weltweinhauptstädten und angrenzenden Weinregionen, gewann. Unter Anleitung erfahrener Winzer kommen prominente Zeitgenossen, wie zum Beispiel Polens Ex-Präsident Lech Walesa bei seinem Mainz-Besuch, auf Einladung in den Genuss, einen neuen Stock zu pflanzen, Reben zu schneiden, die Ernte einzufahren – und das Ergebnis der Lese des Vorjahres zu verkosten.

Der Bestand soll in den nächsten Jahren Zug um Zug erweitert werden. Mit dem Pflanzen einer Rebe kann hier übrigens ein Ehrentitel, der »Consitor Senatus Vineti« (Pflanzer des Senats-Weinberges), erworben werden.

Adresse Zitadelle, 55131 Mainz-Oberstadt | **ÖPNV** Bus 64, 65, 90, 92, Haltestelle Zitadellenweg/Bahnhof Römisches Theater | **Tipp** Das Museum der Sektkellerei Kupferberg verfügt über die weltweit größte Sammlung von Sekt- und Champagnergläsern und kann nach telefonischer Anmeldung besichtigt werden, Tel. 06131/9230, www.kupferbergterrasse.com.

79___Das Proviant-Magazin
Früherer Getreidespeicher der Österreicher

Es fällt auf durch seine massive Bauweise aus Sandstein. Im Verlauf des Zweiten Weltkrieges unzerstört geblieben, ist das Proviantmagazin an der zentral gelegenen Schillerstraße heute ein gut erhaltenes Denkmal aus den letzten Jahren der Bundesfestungszeit. Wie das österreichische Wappen an der Stirnseite des Gebäudes zur Schillerstraße hin zeigt, wurde der monumentale Bau von den damals in Mainz stationierten Österreichern zwischen 1863 und 1867 erbaut. Österreich und Preußen hielten gemeinsam die Festung Mainz als »Bollwerk gegen Frankreich«.

Doch die Vergangenheit dieses Festungsgemäuers war friedlicher Natur. Das Magazin wurde in erster Linie als Getreidespeicher sowie als »Kriegsbäckerei« errichtet. Preußen und Österreich schlossen nach dem Deutschen Krieg von 1866 um die Führungsrolle im Deutschen Bund just in jenem Moment Frieden, als das Proviant-Magazin fertig war.

Bis der dominante Bau, der aufgrund seiner markanten vier Türme an ein römisches Kastell erinnert, im Jahr 1986 in den Besitz der Stadt Mainz kam und saniert wurde, ist er von verschiedenen militärischen Institutionen genutzt worden.

Weil die Stadt zunächst keinen Verwendungszweck für das Lager wusste, schien es mit einem Mal quasi überflüssig. Was also damit anfangen? Von Hallenbad und Lichtspieltheater bis zum Abriss schien alles möglich.

Nach einer gründlichen Renovierung hat die architektonisch eigenwillige Immobilie seit dem Jahr 2004 einen exklusiven Charakter und beherbergt einen konzeptionellen Mix: Neben 48 Eigentumswohnungen sind in dem früheren Festungsgemäuer auch das Mainzer Fastnachtsmuseum sowie das Deutsche Kabarettarchiv zu Hause. Einen Bezug zu seiner früheren Geschichte, als Ort für leibliche Genüsse, stellt das in die ehemaligen Lagerräume im Erdgeschoss integrierte Lokal mit seinen markanten Gewölben.

Adresse Schillerstraße, 55116 Mainz-Altstadt | **ÖPNV** Bahn 50–52, Bus 28, 54–57, 60–63, 71, 90–92, 99, Haltestelle Schillerplatz | **Tipp** Seitlich des Proviant-Magazins, auf dem Romano-Guardini-Platz, befinden sich die in den Boden eingelassenen »Sterne der Satire«, eine Art Mainzer »Walk of Fame des Kabaretts«.

80 Die Reliquien der Jungfrau von Finthen

Ideal der Reinheit als Teil der Ortsgeschichte

Eine junge Frau, Agnes Pfeifer, läuft am Osterdienstag, 16. April 1754, von Finthen durch den Wald nach Ober-Olm, um ihren Verwandten einen Korb mit Ostereiern zu bringen.

Wieder auf dem Heimweg, wird Agnes von einem Gewitter überrascht. Sie flüchtet unter eine Eiche. Außer ihr suchen noch zwei Männer dort Schutz. Als das Unwetter nachlässt, geht der eine seines Weges. Doch der andere bedroht die damals 20-Jährige. Agnes wehrt sich. »Sie zog den Tod der Schändung vor«, wie der Finther Pfarrer Franz Jacob Werner (1750–1792) im Totenbuch vermerkte.

Den Streit zwischen dem Ober-Olmer Pfarrer Göbel und Pfarrer Werner, wohin Agnes' Leichnam denn nun gehöre, konnten die Finther für sich gewinnen: Die Ermordete wurde in Begleitung vieler tausend Menschen inmitten der Pfarrkirche beigesetzt.

Bevor die alte Kirche 1852 abgerissen wurde, wurde Agnes' Grab geöffnet und ihre Überreste in einen neuen Sarg gebettet. Agnes' Kopfkranz jedoch, ein Fingerglied mit Ring sowie ihr Rosenkranz und das Schulterkleid wurden zur Erinnerung entnommen. Nach der Einweihung der neuen Pfarrkirche 1854 wurde für die erneute Beisetzung im April 1854 ein Grab in der Muttergotteskapelle der Kirche St. Martin in Finthen geschaffen.

In dem Mainzer Vorort ist das Andenken an die in der heutigen Poststraße aufgewachsene Agnes noch immer lebendig: Alljährlich am Ostermontag wird in der Kapelle Agnes Pfeifers gedacht. Dort sind auch die Reliquien hinter Glas zu sehen, und im Fenster der Kapelle ist Agnes Pfeifer ebenfalls zu erkennen – mit ihrer Patronin, der römischen Märtyrerin Agnes. In der Apsis des Hauptschiffes ist die kniende junge Frau mit Ostereiern neben anderen Heiligen abgebildet. Außerdem trägt der große Saal im Gemeindezentrum St. Martin seit 1995 ihren Namen.

Adresse Kirche St. Martin, Borngasse, 55126 Mainz-Finthen | **ÖPNV** Bus 45, 58, 91, Haltestelle Kirchgasse | **Öffnungszeiten** Die Kirche St. Martin ist nur zu den Gottesdienstzeiten geöffnet. Die Reliquien sind in der täglich von 9–18 Uhr geöffneten Marienkapelle zu sehen. | **Tipp** Die ansprechende Webseite des Heimat- und Geschichtsvereins Finthen e.V. beleuchtet die facettenreiche Ortshistorie ausführlich und macht Lust auf weitere Entdeckungen. Ein Besuch im Netz lohnt sich also: www.hgv-finthen.de.

81 Der Rosengarten

Es war eine Mutter, die hatte vier Kinder ...

Der Rosengarten befindet sich auf der oberen Ebene des Mainzer Stadtparks. Durch die Beschaffenheit des Geländes in zwei Teile gegliedert, blühen hier auf 9.500 Quadratmetern Rosensorten.

In dem horizontalen Teil haben die um 1925 von dem Münchner Bildhauer Julius Seidler (1867–1936) allegorisch inszenierten Putten ihren Standort. Paarweise an den Zugängen der Gärtchen postiert, laden die vier kleinen, die vier Jahreszeiten symbolisierenden Skulpturen zum Eintreten ein. Und automatisch kommt dabei eine Melodie in den Sinn: »Es war eine Mutter, die hatte vier Kinder, den Frühling, den Sommer, den Herbst und den Winter ...«

Die im deutschen Volkslied ausgedrückte Sehnsucht nach der Nähe zur Natur scheint ihren bildlichen Ausdruck in diesen romantischen kleinen Figuren gefunden zu haben.

Der in der Literatur auch als »bedeutendste Schöpfung« des Parks bezeichnete Rosengarten wurde im Jahr 1925 nach Plänen des Niersteiner Gartenarchitekten August Waltenberg für die erste Rosenschau in Mainz angelegt. Sie fand anlässlich der Tagung des Vereins deutscher Rosenfreunde statt. Bei der Platzwahl wurde berücksichtigt, dass an jener Stelle »schon vor 1.000 Jahren erhebliche Gärten mit Rosen Verwendung fanden«, wie der Verfasser der Broschüre »Das Mainzer Gartenamt, seine Geschichte und viele Geschichten«, Hermann Schröder, berichtet.

Mit dem Ereignis kam der bis dahin nur als »Neue Anlage« bezeichnete Stadtpark zu seiner bis heute geläufigen Bezeichnung. 1935 wurde die Anlage aus Anlass einer Jubiläumsschau des Vereins deutscher Rosenfreunde umgestaltet und in den Park eingebettet. Nach Beseitigung der meisten Schäden des darauffolgenden Zweiten Weltkrieges wurden die Rosenpflanzungen erneuert, und der Garten erlebte schon 1950 seine dritte Rosenschau. Der 50. Geburtstag des Rosengartens wurde vom 14. bis zum 18. August 1974 mit einer Schnittrosenschau gefeiert.

Adresse Am Rosengarten, 55131 Mainz-Oberstadt | **ÖPNV** Bus 60, 61, Haltestelle Favorite Parkhotel oder Bus 60, 61, 64, 65, 90, 92, Haltestelle Stadtpark | **Öffnungszeiten** Der Rosengarten ist als Teil des Mainzer Stadtparks jederzeit zugänglich. | **Tipp** Im Rosarium auf der anderen Seite des Parkweges werden die Höhenunterschiede von bis zu fünf Metern durch eine terrassenförmige Anlage ausgeglichen. Auch hier befinden sich hübsche Skulpturen, wie zum Beispiel »Die Lesende« oder das »Mädchen mit der Katze«.

82 __ Das Ross aus Gold

Auf dem Dach steht nur die Kopie

Das Gewicht auf die gebeugten Hinterbeine verlagert und die Vorderbeine an den Leib gezogen, scheint das vergoldete Ross auf dem Dreiecksgiebel über dem Eingang des Mainzer Landesmuseums zum Sprung über die Große Bleiche anzusetzen. Oder will es mit dieser Übung aus der klassischen Reitkunst einfach nur zeigen, was es so in petto hat?

Unter Kurfürst Emmerich Joseph von Breidbach zu Bürresheim wurde 1767 die ehemalige Golden-Ross-Kaserne als kurfürstlicher Marstall errichtet. 1770 kam eine Reithalle dazu. Seinen Namen im Volksmund hat der lang gestreckte Gebäudekomplex bis heute dem blinkenden Pferd auf dem Dach zu verdanken. Im Verlauf der Geschichte diente die mit Emporen versehene Reithalle mehrere Jahre auch als Theater. Die übrigen Gebäude fanden zwischen 1815 und 1930 Verwendung als Quartier verschiedener Kavallerieregimenter. 1937 erfolgte dann mit der Einrichtung des Altertumsmuseums die Umwandlung des früheren Marstalls in ein Haus der Kunst.

Während des Zweiten Weltkrieges wurden nicht nur die Gebäude mitsamt vieler Ausstellungsstücke zerstört. Auch das goldene Pferd fiel den Bomben zum Opfer. Von der französischen Militärregierung unterstützt, wurde ab 1950 ein Teil des Gebäudekomplexes wiederaufgebaut. Die Mainzer Altertumssammlung und die Gemäldegalerie wurden 1967 zum heutigen Landesmuseum zusammengefasst. Natürlich sollte auch wieder ein goldenes Ross aufs Dach. Mit der Nacharbeitung wurde der Nieder-Olmer Künstler Heinz Müller-Olm beauftragt. Doch das aus mit Glasfaser verstärktem Kunststoff gegossene und mit 24 Karat Blattgold überzogene Tier war zu schwer fürs Dach. Mit dem Ergebnis, dass heute eine ebenfalls vergoldete, überlebensgroße und garantiert rostfreie Aluminiumkopie den Dreiecksgiebel über dem Eingang schmückt. Das Kunststoffpferd indes soll in einem Vorgarten in der Mainzer Oberstadt gen Himmel wiehern.

Adresse Große Bleiche 49–51, 55116 Mainz-Altstadt | **ÖPNV** Bus 6, 28, 62–65, 68, Haltestelle Bauhofstraße/Rheinland-Pfalz-Bank | **Tipp** Im direkt unter dem Ross befindlichen Landesmuseum ist die bedeutendste Kunstsammlung von Rheinland-Pfalz untergebracht, www.landesmuseum-mainz.de.

83 — Die Sanduhr
Synchron mit dem Metrologie-Institut

Bekannt als einfaches, seit Anfang des 14. Jahrhunderts gebräuchliches Zeitmessgerät steht die Sanduhr bis heute als starkes Symbol für die vergehende Zeit. Und wo könnte eine Sanduhr besser platziert sein als vor einem Naturkundemuseum, in dem die Vergangenheit anhand der dort präsentierten Fundstücke rekonstruiert wird und wo präparierte Tiere und Pflanzen und fossile Fundstücke gezeigt werden?

So entstand an dieser Stelle ein Rundum-Konzept zum Thema Zeit. Bereits in den 1980er Jahren wurde der Platz vor dem Naturhistorischen Museum in einen »Garten der Zeit« umgestaltet, der das Thema Zeit und Vergänglichkeit darstellt. Außerdem empfängt ein »Turm der Zeit« die Besucher am Eingang des Museums. Der Künstler Hieronymus U. Perrets hat in einem Gemälde das Phänomen Zeit mit der Schöpfungsgeschichte vereint.

Hauptinstallation auf dem Platz vor dem Museum ist aber die Riesensanduhr. Sie wurde bereits 1984 der Stadt Mainz geschenkt und stand erst einmal auf dem Rathausplatz. Weil es thematisch passender war, zog sie jedoch in den »Garten der Zeit« vor dem Naturhistorischen Museum um. Die computergesteuerte Sanduhr zählt mit einer Gesamthöhe von 6,45 Metern und einem Gewicht von 3,5 Tonnen zu den größten und genauesten Zeitmessern dieser Art weltweit. Die beiden Glasbehälter mit je einem Volumen von 320 Litern drehen sich im Stundentakt. Dabei rieselt allerdings kein Sand, sondern Granulat von einer Hälfte in die andere. Sand reagiert zu empfindlich auf Feuchtigkeit. Außerdem konnte mit Granulat eine Gewichtsreduzierung von 60 Prozent erreicht werden. Die Anlage der Sanduhr ist ständig mit einem zentralen Zeitsender verbunden, der seine Signale von den Atomuhren der Physikalisch-Technischen Bundesanstalt in Braunschweig erhält. Mittlerweile zwar von anderen Sanduhren noch gigantischeren Ausmaßes überholt, wurde sie einst sogar ins Guinness-Buch der Rekorde eingetragen.

Adresse Mitternacht, 55116 Mainz-Altstadt | ÖPNV 6, 28, 62–65, 68, Haltestelle Bauhofstraße/Rheinland-Pfalz-Bank | Tipp Das Naturhistorische Museum in Mainz ist der einzige Ort, wo noch eine komplette Quagga-Familie bestaunt werden kann. Die Präparate dieser Zebraart werden in einer klimatisierten Großraumvitrine ausgestellt, www.mainz.de/nhm/museum.html.

84__ Der Schutzheilige
Von Angesicht zu Angesicht

Nach einer über 75 Jahre dauernden Odyssee hat die barocke Reiterfigur des heiligen St. Martin auf der aussichtsreichen Kupferbergterrasse ihre Heimat gefunden. Und hält von hier aus ihren alten Standort auf dem Mainzer Dom fest im Blick.

Der gotische Westturm des Doms wurde 1767 durch Blitzschlag zerstört. Nach dem Wiederaufbau sollte der Patron von Dom und Bistums – in Form einer dreieinhalb Tonnen schweren Skulptur – über das Wohl der Kathedrale wachen. Noch während der Bauphase wurde Franz Ignaz Michael Neumann, Architekt und Sohn des berühmten Balthasar Neumann, beauftragt, ein Reiterstandbild nebst Skulptur eines Bettlers zu schaffen.

Doch an der ungeschützt Wind und Wetter ausgesetzten Martinsfigur aus rotem Mainsandstein nagte schon bald der Zahn der Zeit, wie bei Sicherungsarbeiten am Dom in den 1920er Jahren festgestellt wurde. 1926 erfolgte der Abbau, 1928 der Austausch durch eine originalgetreue, nach Abguss gefertigte Replik aus Sandstein.

Das im Besitz des Bistums Mainz befindliche Original verblieb im Dom, bis St. Martin mit Pferd auf das Gewölbe einer Kasematte des Forts Stahlberg im Landwehrweg zog. Jahrzehntelang sah er dort seinem weiteren Verfall entgegen.

Als der Verkauf dieses Geländes anstand, rückte die Skulptur wieder in den Fokus. Um sie zu retten, war eine Komplettrestaurierung nötig, die durch Spenden und diverse Zuschüsse seitens Stadt und Land möglich wurde. Ein passender Ort für die barocke Reiterfigur wurde auch gefunden: Am 11.11.2001, dem Namenstag des Schutzpatrons, konnte Kardinal Karl Lehmann St. Martin an seinem neuen Standort auf der Kupferbergterrasse enthüllen. Mit direktem Blick auf sein Pendant auf dem Dom verblieb er somit in der Oberstadt – wobei er als früherer römischer Soldat zumindest eine geistige Verbindung zu dem sich hier einst befundenen römischen Legionslager haben dürfte.

Adresse Kupferbergterrasse, 55116 Mainz-Oberstadt | **ÖPNV** Bahn 50–52, Bus 28, 54–57, 60–63, 71, 90–92, 99, Haltestelle Schillerplatz | **Tipp** Die originale Statue des dazugehörigen Bettlers befindet sich im Kreuzgang des Mainzer Doms. Informationen zu Öffnungszeiten und Domführungen im Internet unter www.mainz-dom.de.

85 Die Sektkellerei

Hier tanzt Gold in der Flasche

Eine Terrassenmauer und eine Treppenanlage verbinden die 15 Meter höher gelegene Kupferbergterrasse und den unteren Kästrich seit den 1850er Jahren.

Der oberhalb gelegene Kästrich wurde, obwohl er sich innerhalb der Stadtmauern befand, wegen seiner starken Hanglage bis ins 19. Jahrhundert hinein als Weinberg genutzt. Schon früh wurden Keller in den Hang getrieben, die der Weinlagerung dienten. Die Errichtung neuer Kellergewölbe über den bereits existierenden Anlagen gelang durch Aufschüttung. Für Wein- und Sekthersteller beziehungsweise -händler hatte es also Vorteile, sich in dem Karree Emmerich-Josef-Straße, Breidenbacherstraße und Walpodenstraße anzusiedeln. Insbesondere die Walpodenstraße wurde seit 1846 mit Weinhandelshäusern bebaut.

Besonders fällt das repräsentative Eckhaus im neugotischen Stil an der Ecke zur Emmerich-Josef-Straße auf. An dem von Säulen getragenen Kastenerker weisen die vergoldeten Weinblätter der Kapitelle auf die Profession der Bewohner hin. Durch die für eine Kellerei typische Torfahrt gelangt man in die Goldhand Sektkellerei, einzige noch in Mainz verbliebene Produktionsstätte des prickelnden Schaumweins. Produziert wird in den historischen Gewölbekellern des in dritter Generation geführten Familienunternehmens. Überwiegend von Winzerbetrieben aus Mainz und Rheinhessen stammen die Grundweine, die hier im Auftrag der Winzer versektet werden. Zwar wird im Rahmen der Lohnabfüllung, so heißt es im Fachjargon, nur ein Bruchteil von dem produziert, was die großen Kellereien in Deutschland verarbeiten. Dennoch hat das Familienunternehmen seine Nische gefunden. Dank der Vergärung der Grundweine zu individuellen Sekten umfasst das Sortiment rund 30 verschiedene Sorten. Besonders beliebt ist eine Spezialität des Hauses, die Gold-Cuvée – mit in der Flasche tanzenden 22-karätigen Goldplättchen.

Adresse Goldhand Sektkellerei GmbH, Walpodenstraße 1–3, 55116 Mainz-Altstadt | **ÖPNV** Bahn 50–52, Bus 28, 54–57, 60–63, 71, 90–92, 99, Haltestelle Schillerplatz | **Öffnungszeiten** Mo–Fr 7 bis 18 Uhr, Sa 10–13 Uhr | **Tipp** Rundgänge durch den Keller sind nach Terminabsprache möglich, Tel. 06131/283118, www.goldhand.de.

86 Der Serenadenhof

Mediterranes Ambiente im Verlagshaus

Wasserspiele, aus unterschiedlichsten Epochen stammend, unterstreichen die Idylle des mit mediterranen Pflanzen üppig begrünten Serenadenhofs des Schott'schen Weihergartens. Wasserspeiende Frösche bewachen den künstlichen Teich, in dessen Mitte sich ein Wasser umsprudelter Faun räkelt. In einer anderen Ecke schmückt ein Abbild des Herkules einen Springbrunnen italienischer Herkunft. Die Arkaden an der Stirnseite des Hofes werden von dem darüberliegenden Balkon gekrönt, dessen prachtvolles schmiedeeisernes Geländer aus den Trümmern des im Zweiten Weltkrieg zerstörten Kurfürstlichen Schlosses geborgen wurde. Bei der Umgestaltung des Hofs in den 50er Jahren fand es hier einen angemessenen neuen Platz. Eine weitere Besonderheit stellt die aus napoleonischer Zeit stammende Tafel mit der Aufschrift »Rue de la Princesse Stephanie« in einem Durchgang dar: Die Sandsteinplatte zierte während der französischen Epoche der Stadt (1797–1813) als Straßenschild die heutige Emmeransstraße.

Bereits 1791 ersteigerte der mit dem Prädikat des »Hofmusikstechers« ausgezeichnete Firmengründer Bernhard Schott (1748–1809) zwei Bauplätze im Weihergartenviertel. Im Weihergarten 5 entstand das seit 1793 als deutscher Verlagssitz genutzte Patriziergebäude mit palaisartigem Innenhof.

Die zahlreichen Musiker der Residenzstadt wünschten sich für ihr Musizieren Noten populärer Stücke. Der Nachfrage entsprechend produzierte Bernhard Schott zunächst Noten von zu jener Zeit erfolgreichen Werken. In den ersten Jahrzehnten des 19. Jahrhunderts kamen Meisterwerke wie Ludwig van Beethovens 9. Symphonie hinzu, und auch Richard Wagner konnte 1859 für eine Zusammenarbeit gewonnen werden. Heute arbeitet »Schott Music« noch immer mit den bedeutendsten Komponisten der Welt zusammen und bietet Produkte und Dienstleistungen für die verschiedensten Bereiche des Musiklebens an.

Adresse Schott Music GmbH & Co. KG, Weihergarten 5, 55116 Mainz-Altstadt | **ÖPNV** Bus 64, 65, 70, 92, Haltestelle Pfaffengasse | **Öffnungszeiten** Der Serenadenhof kann zu den Geschäftszeiten des Verlags von 9–17 Uhr besucht werden, Tel. 06131/2460, Internet www.schott-music.de. | **Tipp** Franz Philipp Schott setzte die Tradition seines Großvaters, Firmengründer Bernhard Schott, fort. Seine letzte Ruhestätte befindet sich auf dem Mainzer Hauptfriedhof.

87 Das Skulpturen-Ensemble

»Im Schatten der Macht«

Als die letzten US-Soldaten im September 1995 das Martin-Luther-King-Village mit ihren Familien räumten, war der Weg für die zivile Nutzung der ehemaligen Housing-Area frei. Das etwa 25 Hektar große Areal wurde von der Stadt Mainz mitsamt den Straßen, Schule und Grünflächen übernommen. Damit standen über 700 neue Wohnungen inmitten von viel Grün und in Stadtnähe zur Verfügung. Der King-Park bildet heute auch das Zentrum des jüngeren Stadtteils Hartenberg/Münchfeld.

Als der in Mainz lebende rumänische Künstler Dorél Dobocan den Auftrag erhielt, sich Gedanken über die Platzgestaltung im Martin-Luther-King-Park zu machen, merkte er schnell, dass er zur Inspiration dorthin musste, wo Martin Luther King gelebt hat, nach Atlanta. Acht Tage verbrachte er im April 1999 in der dortigen King-Stiftung, um zu recherchieren. Und mit viel Glück und etwas Zufall traf er tatsächlich Coretta Scott King, die Witwe des schwarzen Bürgerrechtlers. Der Künstler erhielt den Zuschlag von der Stadt Mainz für seine Idee eines letztendlich 700 mal 1115 Zentimeter großen Skulpturen-Ensembles in Edelstahl.

Fast genau 33 Jahre nach dem Mord an Dr. Martin Luther King, im April 1968 in Tennessee, wurde er auf dem nach ihm benannten Platz auf der Rückseite des Einkaufszentrums mit einem der imposantesten Denkmäler der Stadt geehrt.

Dobocan setzte die Botschaft Dr. Martin Luther Kings szenisch um: Ein sieben Meter großer, nur auf einem Bein stehender Stuhl scheint über einer schwarzen und einer weißen Mauer förmlich zu schweben. Die Innenkanten der Mauern würden wie bei einem Puzzle ineinander passen, würden sie nicht von einem durch sie hindurchführenden Weg voneinander getrennt. Der Stuhl symbolisiert ins Wanken geratene Macht und erinnert an den Beginn der Bürgerrechtsbewegung in Amerika: Eine Schwarze forderte einen Sitzplatz in einem Bus – und wurde dafür verhaftet.

Adresse Martin-Luther-King-Platz, auf der Rückseite des Einkaufszentrums, 55122 Mainz-Hartenberg/Münchfeld | **ÖPNV** Bus 45, 64, 65, 91, Haltestelle King-Park-Center/Bruchwegstadion | **Tipp** Von hier aus empfiehlt sich ein Spaziergang in den Botanischen Garten der Johannes-Gutenberg-Universität, www.botgarten.uni-mainz.de.

88__ Der Stadioner Hof
Wiege der deutschen Literaturgeschichte

Das heute zumindest rein äußerlich noch erhaltene Zuhause von Sophie von La Roche (1730–1807) war der Stadioner Hof an der Großen Bleiche, eines jener Barockgebäude, wie sie vor dem Zweiten Weltkrieg zum historischen Stadtbild von Mainz gehörten. Bis ins 18. Jahrhundert hinein war das Bleichenviertel ein innerhalb der Festungsmauern gelegenes Feuchtgebiet, das erst noch trockengelegt werden musste. Geplant war die Schaffung von Wohngebiet für die adelige Oberschicht von Mainz. Der Name der ehemaligen Prachtstraße, »Große Bleiche«, erinnert bis heute an die einst von Zeybach und Umbach durchzogenen Bleichwiesen.

Lothar Friedrich von Rollingen, Kurmainzer und Kommandant der Leibgarde zu Pferd, hat hier als einer der Ersten zwischen 1728 und 1733 einen stattlichen Barockbau errichtet – und sich damit finanziell kräftig übernommen. Das Anwesen wurde 1737 versteigert und ging an Heinrich Friedrich Graf von Stadion, erster Minister am Kurfürstlichen Hof. Bis heute heißt der frühere Adelshof »Neuer Stadioner Hof«.

Schon damals war in dem Stadtpalais Raum für Kunst und Poesie. Sieben Jahre lebte Sophie von La Roche als Ehefrau von Georg Michael Frank von La Roche (1720–1788) im Stadioner Hof. Hier gebar sie auch drei ihrer insgesamt acht Kinder. Ihre älteste Tochter war die auch von Goethe verehrte Maximiliane (1756–1793), die spätere Ehefrau von Peter Anton Brentano und Mutter der zum Dichterkreis der Rheinromantiker gehörenden Kinder Clemens Brentano und Bettina von Arnim. Berühmt wurde Sophie von La Roche durch ihren 1771 erschienen Roman »Die Geschichte des Fräuleins von Sternheim«. Angeblich sind darin die Eindrücke verarbeitet, die sie während ihrer Zeit an der »Großen Bleiche« sammeln konnte.

Nach einer wechselvollen Geschichte werden im Stadioner Hof seit den 20er Jahren des vergangenen Jahrhunderts Geldgeschäfte getätigt.

Adresse Große Bleiche 15, 55116 Mainz-Altstadt | **ÖPNV** Bahn 28, 50–52, Bus 6, 54–57, 60–63, 71, 90–92, 99, Haltestelle Münsterplatz | **Tipp** In Gebäuden, die einst den barocken Marstall der Kurfürsten von Mainz bildeten, befindet sich in der Großen Bleiche 49–51 das Landesmuseum. www.landesmuseum-mainz.de.

89 _ Das Stadttor der Römer

Auf den (Wagen-)Spuren der Legionäre

Bei Bauarbeiten sind auf dem Kästrich im Jahr 1982 Überreste der früheren Wehrmauer sowie des bisher einzigen in Mainz nachgewiesenen römischen Stadttors gefunden worden.

Wie viele Händler, Zivilisten und natürlich Angehörige der Garnison sich mit ihren Wagen durch das spätantike Stadttor der seinerzeit rund 700 Meter langen und ungefähr 470 Meter breiten Stellung am Oberrhein gequält haben, weiß man nicht. Besonders faszinierend aber ist, dass bei genauem Hinsehen die Spuren der hier passierenden Römerfuhrwerke bis heute in der original römischen Bodenplatte der Straßenoberfläche zu sehen sind. Zu der etwa drei Meter unter dem Straßenniveau liegenden Ausgrabungsstätte mit ihrem besonders lebendigen Beleg der Zeitgeschichte führt eine Treppe hinunter.

Die Wohnanlage »Auf dem Kästrich« thront hoch oben über der Stadt. Es war der römische Feldherr Nero Claudius Drusus, der diesen Platz 13 / 12 vor Christus als Standort seines Legionslagers wählte. Er legte damit den Grundstein für die Geschichte des römischen Mainz. Wer sich an den Rand der Wohnanlage begibt und von den Arkaden des Gebäudekomplexes aus über die steil abfallende Kupferbergterrasse hinwegschaut, dem erschließt sich neben der Topographie auch schnell der Grund, aus dem die Römer gerade hier – und nirgends sonst in Mainz – ihre Zelte aufgeschlagen haben: Den herrlichen (noch heute unverbauten) Weitblick hatte man damals, vor über 2.000 Jahren, fast genauso. Auch wenn sich natürlich das Stadtbild und das angrenzende Umland stark verändert haben. Das Auge schweift über die heutige Innenstadt, wo sich früher die Zivilsiedlung der Römer an das oberhalb gelegene Lager anschloss, und den Rhein hinweg. Und auch die Ebene zwischen den Hügelketten von Taunus und Odenwald konnte überblickt werden. Mainz war somit schon in frühester römischer Zeit ein strategisch wichtiger Ort.

Adresse Kästrich, zwischen Kupferbergterrasse, Drususstraße, Trajanstraße, Augustusstraße, 55116 Mainz-Oberstadt | **ÖPNV** Bus 62, 63, 67, 71 , 76, Haltestelle Trajanstraße | **Tipp** Zu Fuß gelangt man über die Treppen von der Kupferberg-Terrasse in die Emmerich-Joseph-Straße, Richtung Innenstadt.

90_ Der Steinbruch

Zeitreise durch 20 Millionen Jahre

Der Aufschwung von Weisenau während der Industrialisierung ist auch dem Unternehmer Christian Lothary zu verdanken: Frühzeitig erkannte er den Nutzen des Kalksteinvorkommens vor Ort. Um die Nachfrage nach neuen Baustoffen zu befriedigen, eröffnete er eine Backstein- und Zementfabrik. Und ausgerechnet die Zementproduktion hat wesentlich zum Entstehen des heutigen Naherholungsgebiets in dem Mainzer Vorort beigetragen.

2004, nach fast 150 Jahren Bestand, wurde das Zementwerk stillgelegt. Inmitten des Rhein-Main-Gebiets gelegen und vom Verkehr umtost, erobert sich die Natur Stück für Stück das früher intensiv genutzte Gelände zurück, und ein wichtiges Rückzugsgebiet für bedrohte Pflanzen und Tiere hat sich entwickelt. Rund 240 Pflanzenarten wurden bei Kartierungsarbeiten gezählt, darunter viele, die auf der Roten Liste Rheinland-Pfalz stehen und als gefährdet gelten. An den trockenen Hängen oberhalb der Felswände bieten artenreiche Magerrasen Nahrung und Fortpflanzungsraum für Insekten; in den Gehölzinseln haben unterschiedliche Vogelarten ideale Brutbedingungen.

Über zwei etwas versteckt liegende Eingänge, am Höhenweg und an der Wormser Straße, ist das rund 50 Hektar große Areal frei zugänglich. Für einen Rundgang auf ausgewiesenen Wegen empfiehlt sich der Einstieg in den Steinbruch am oberen Tor. Von dort aus ist ein guter Blick über das weitläufige Gelände möglich.

Der 1,8 Kilometer lange geologische Rundlehrpfad informiert über die Besonderheiten und erzählt die Geschichte des Steinbruchs. Auch an die Kleinsten wurde gedacht: Die Comic-Figur »Kalli Kalk« erklärt in einfacher Sprache die wesentlichen Besonderheiten. In einem Bogen geht es um ein Biotop und anschließend an schroffen Gesteinshängen vorüber. Und weil hier vor Urzeiten mal das Meer geschwappt ist, sind in den Wänden mit etwas Glück fossile Muscheln zu finden.

Adresse Zugänge Wormser Straße oder Höhenweg, 55130 Mainz-Weisenau | **ÖPNV** Bus, 60, 61, 63, 92, Haltestelle Zur alten Portland | **Tipp** Besonders für Familien mit Kindern empfiehlt sich ein Besuch im nah gelegenen Mainzer Stadt- und Volkspark mit großen Spielflächen und Wasserspielen.

91 Die Steppe

Dünen am Stadtrand

Kaiser Wilhelm II. führte hier zwischen 1898 und 1913 bevorzugt seine Kaiserparaden durch, und für Graf Zeppelins Luftschiff Parseval bot er für eine Zwischenlandung optimale Bedingungen: Der »Mainzer Sand« mit seiner etwa 30 Fußballfelder großen Fläche wurde bereits 1939 als Naturschutzgebiet ausgewiesen. Die karge Landschaft, die wegen ihrer Kontraste eine besondere Faszination ausübt, zählt zum Rest eines Flugsandgebietes, das sich vor etwa 18.000 Jahren von Gau-Algesheim über Ingelheim und Mainz bis nach Darmstadt und Heidelberg zog.

Versteckt hinter dem TÜV in Mainz-Gonsenheim und umzingelt von Hochhäusern und viel befahrenen Straßen, gilt das insgesamt rund 150 Hektar große Naturschutzgebiet mitten im verkehrsbelasteten Rhein-Main-Gebiet als ein Relikt der ausgehenden letzten Eiszeit. In Verbindung mit den klimatisch günstigen Bedingungen des Mainzer Beckens, das zu den wärmsten und trockensten Gegenden in ganz Deutschland zählt, sind in der nährstoffarmen Landschaft Steppen- und Sandpflanzen zu finden, die sonst nur am Mittelmeer oder in Südrussland zu Hause sind. Außerdem fühlen sich hier seltene Tiere wie die Kreuz- und Wechselkröte, vom Aussterben bedrohte Amphibienarten oder der Wiedehopf, ein streng geschützter Vogel, wohl. Oft im Flug zu beobachten ist die farbenprächtige blauflügelige Ödlandschrecke.

Vom Parkplatz an der Oberen Kreuzstraße aus empfiehlt sich ein Rundweg auf dem kombinierten Fuß- und Radweg zum Eingang des eingezäunten Geländes. Ein Lageplan informiert über die Bedeutung der geschützten Dünenlandschaft im Ballungsraum Rhein-Main. Auf einem Rundweg, der zum Teil über Holzbohlenwege führt, informieren weitere Tafeln über Entwicklung und Besonderheiten des Naturschutzgebietes. Ein Buch zur genauen Bestimmung der Pflanzenarten kann hier hilfreich sein. Oder man schließt sich einer der Führungen an.

Adresse Naturschutzgebiet Mainzer Sand, Zugang über den Parkplatz an der Oberen Kreuzstraße in Mainz-Mombach, 55120 Mainz-Mombach | **ÖPNV** Bus 47, 62, 92, Haltestelle Obere Kreuzstraße | **Tipp** Bei einem Besuch in der Steppenanlage des Botanischen Gartens der Johannes-Gutenberg-Universität kann man mehr über die besondere Pflanzenwelt des Mainzer Sandes erfahren, www.botgarten.uni-mainz.de.

92__Die Straßenschilder

Rot oder Blau: Da geht's lang!

Es gibt eine Besonderheit im Stadtbild, die zu Irritationen führen kann. Die Straßenschilder sind hier nicht einfarbig weiß oder blau wie anderswo. Seit 1853 haben manche Schilder einen roten, andere einen blauen Untergrund. Das wirft Fragen auf: Gelten für die Straßen mit roten Schildern vielleicht besondere Verkehrsregeln? Weisen die roten Schilder mit der weißen Schrift gar den Weg in ein Stadion der 05er?

Wer versucht, dem System auf die Spur zu kommen, kann auf einem Spaziergang durchaus ein Muster erkennen. So zeigen die roten Schilder tatsächlich eine Richtung an – wenn auch nicht unbedingt in Richtung eines Fußballstadions.

Die Lösung: Parallel zum Rhein verlaufende Straßen haben die Untergrundfarbe Blau, vom Rhein wegführende Straßen sind am roten Untergrund erkennbar. Und das hat einen historischen Hintergrund. Die Mainzer selbst mögen sich bis zur Mitte des 19. Jahrhunderts noch in ihren verwinkelten Gassen zurechtgefunden haben. Ortsunkundige hatten sich hingegen durchzufragen oder mussten sich auf einen Führer verlassen.

Der Mainzer Arzt Dr. Josef Anschel erkannte, wie kompliziert das System der Hausnummerierung mit einer meist völlig unlogischen und willkürlichen Reihenfolge der Zahlen war. Er schlug ein Orientierungssystem vor, das sich bereits in Frankfurt und auch in Paris etabliert hatte. Doch Anschel war mit seinem 1849 im Mainzer Stadtrat gestellten Antrag seiner Zeit voraus. Sein Vorschlag, allen Häusern auf der rechten Seite gerade Nummern und allen auf der linken Straßenseite ungerade Nummern zuzuordnen und die vom Rhein vertikal in die Stadt führenden Straßen am Rheinufer mit der Hausnummer 1, die parallel zum Rhein verlaufenden Straßen im Süden mit der 1 beginnen zu lassen, wurde zurückgestellt. Erst vier Jahre später, 1853, beauftragte der Rat Stadtbaumeister Laske mit der Umsetzung.

Adresse Die Straßenschilder sind überall im Stadtgebiet von Mainz zu finden. | **ÖPNV** im Stadtgebiet von jeder Haltestelle erreichbar | **Tipp** Einfach mal ausprobieren: Führt die Anordnung der roten Straßenschilder tatsächlich direkt zum Rhein? Kleinere Straßen, insbesondere in den vom Rhein weiter entfernt liegenden Ortsteilen, und Straßen, deren Verlauf nicht eindeutig ist, sind mit weißen Schildern versehen.

93_ Die Stuckdecke

Voltaire und Goethe unter Putten und Faunen

Auf dem Weg zur Kultur wird der barocken Stuckdecke in der Torfahrt des »Römischen Kaisers« am Liebfrauenplatz meist wenig Beachtung geschenkt. Schade, denn da oben tummelt sich ein buntes Volk im historischen Firmament aus Gips: Putten und Knaben mit Engelsflügeln, Vögel mit verschlungenen Hälsen und Drachen sind da ebenso zu bestaunen wie Putten und Faune in ungewöhnlichen Posen. Der Stuckateur soll ein Meister der versteckten Symbolik gewesen sein.

In dem historischen Haus ist die wohl prächtigste, zudem öffentlich zugängliche, Stuckdecke der Landeshauptstadt zu finden. Sie krönt den Eingangsbereich zum Verwaltungsgebäude des Gutenberg-Museums und den Durchgang zur Ausstellung gleichermaßen. Außerdem befindet sich auf dem Weg zwischen Liebfrauenplatz und dem Innenhof des Museums der Zugang zum Café Codex. Der flach gewölbte Himmel mit seinen pikanten Details ist noch aus der Entstehungszeit des »Römischen Kaisers« erhalten. Die Wappensymbole des Erbauers Emond Rokoch und seiner Ehefrau Anna Katharina Eichhorn werden von Putten über dem Eingang gehalten. Der aufrecht stehende Pfeil steht für den kunstsinnigen Bauherrn, das Eichhörnchen für seine Frau, die Tochter eines reichen Mainzers. Ende der zweiten Hälfte des 17. Jahrhunderts wurde das Haus, damals noch unter dem Namen »Zum Marienberg«, von dem wohlhabenden Kaufmann Rokoch als standesgemäßer Wohnsitz in Auftrag gegeben. Das Gebäude ging nach dessen Tod an Sohn Johann Edmund. Während einer sich anschließenden Epoche als Gast- und Logierhaus erhielt es wegen dem über dem Eingang postierten Kaiser Karl IV. den Namen »Zum Römischen Kaiser«.

Ein Auszug der illustren Gästeliste im Logierhaus liest sich spannend. So stieg Voltaire hier im Jahr 1753 für drei Wochen ab, und auch Johann Wolfgang von Goethe wohnte bei seinen Besuchen in Mainz in den Jahren 1814 und 1815 am Liebfrauenplatz.

Adresse Liebfrauenplatz 5, 55116 Mainz-Altstadt | **ÖPNV** Bus 28, 54–57, 60–65, 70,71, 90, 91, 99, Haltestelle Höfchen/Listmann | **Tipp** Bei einem Bummel durch die Mainzer Korbgasse hinter den Markthäusern ist ein Gebäude zu entdecken, mit dem Gutenberg noch direkt in Verbindung zu bringen ist: das Haus »Zum Korb«.

94 Die Synagoge im Hinterhof
Gerettet, weil vergessen

Ihre versteckte Lage auf einem Hinterhofgrundstück diente der kleinen, zwischen 1737 und 1738 errichteten Synagoge in Weisenau als Schutz. Nur wenn man sie sucht, ist ein kleiner Teil des mit roten Ziegeln gedeckten Daches von der Straße aus zu sehen.

Auch diese Synagoge wurde beim reichsweit organisierten Novemberpogrom des nationalsozialistischen Deutschland 1938 geschändet. Eher aus Rücksicht auf die hier besonders enge Bebauung denn aus Zufall oder gar Mitgefühl blieb sie von Brandstiftung verschont. 1939 musste das Gebäude nebst zugehörigem Grundstück zwangsweise an die Stadt Mainz verkauft werden. Kurze Zeit später gelangte das Anwesen in Privatbesitz. Wie durch ein Wunder überstand die Synagoge die für das restliche Weisenau größtenteils verheerenden Bombenangriffe 1944/45. Und als der Krieg vorbei war – ist sie wohl einfach in Vergessenheit geraten. Und wurde von wechselnden Besitzern im Lauf der Jahrzehnte gleich mehrfach zweckentfremdet. Rumpelkammer, Lagerraum und Hühnerstall waren nur einige der Verwendungsformen des Sakralbaus. Nach dem Tod des letzten Besitzers erbten die Schwestern der Vincentinerinnen 1978 das Anwesen.

Anlässlich der Recherchen zu der Ausstellung »Juden in Mainz« wurde die Synagoge in heruntergekommenem Zustand »wiederentdeckt« und 1985 unter Denkmalschutz gestellt. Im Jahr 1987 übernahm die Stadt Mainz den Bau. 1989 begannen die grundlegenden Sanierungsarbeiten. Ein 1992 gegründeter Förderverein sorgte für die eigentliche Restaurierung mit dem Ziel, das Gebäude wieder als Synagoge, aber auch als Haus der Begegnung und des Dialogs zwischen Juden und Nichtjuden zu nutzen. Nach Abschluss der Restaurierung konnte am 27. Mai 1996 das Ewige Licht endlich wieder entzündet werden. Die ehemalige Synagoge ist damit das älteste noch erhaltene Bauwerk von Weisenau. Und eine der wenigen erhaltenen Synagogen überhaupt.

Adresse Wormser Straße 31, 55130 Mainz-Weisenau | **ÖPNV** Bus 60, 61 Haltestelle Weisenauer Synagoge, Theis Modellbahn | **Öffnungszeiten** Die Synagoge kann zum Tag des offenen Denkmals (1. Wochenende im Sept.) sowie auf Anfrage besichtigt werden, Informationen und Ansprechpartner im Internet: www.synagoge-weisenau.de/führungen. | **Tipp** Die Verstorbenen der jüdischen Gemeinde Weisenau wurden zunächst in Mainz beigesetzt. Ein eigener Friedhof wurde ab 1882 genutzt. Er grenzt an den alten christlichen Friedhof in der Portlandstraße.

95 Eine Synagoge mit Objektcharakter

Solitär im städtebaulichen Kontext

Wie ein monumentales Gebirge aus glitzerndem Metall ragen die fünf Zacken auf dem Synagogenplatz zwischen den Häusern der Mainzer Neustadt hervor. 10.000 Bürger wollten allein am Tag der offenen Tür am 3. September 2010 – zwei Tage nach der Einweihung – die neue Synagoge besichtigen.

Der Grundstein zu einer neuen Synagoge wurde 1962 gelegt. Das Vorhaben wurde jedoch wegen eines Rückgangs der Mitgliederzahl nicht umgesetzt. Erst 1996 befasste man sich erneut mit dem Bau einer Synagoge, genau auf dem Platz, auf dem die frühere, in der Reichspogromnacht zerstörte Hauptsynagoge gestanden hatte. Ein Architektenwettbewerb wurde ausgeschrieben. Nach vielen Diskussionen über den gewagten architektonischen Entwurf des Siegers, Architekt Manuel Herz, konnten die neue Synagoge und das jüdische Kulturzentrum im Sommer 2010 ihrer Bestimmung übergeben werden.

Geradlinig und abstrakt zugleich, ist die neue Synagoge schon aufgrund ihrer äußeren Architektur einen Weg wert. Wer an einer Führung teilnimmt, dem erschließt sich das eine oder andere Rätsel der Bauweise, zum Beispiel, warum die Erhöhung über dem Gebetssaal in Form eines Widderhorns gestaltet wurde, das von außen wie ein Turm wirkt. In der jüdischen Liturgie steht es unter anderem für die Verbindung von Mensch und Gott.

In unmittelbarer Nähe, in der Hindenburgstraße / Ecke Josefstraße, erinnert ein Gedenkstein an die 1911 bis 1912 erbaute Hauptsynagoge. Über 1.000 Menschen fanden in dem von Stadtbaumeister Eduard Kreyßig geplanten Bau Platz. In der Nacht zum 10. November 1938 wurde sie auch von den Nationalsozialisten zerstört. Zu sehen sind heute lediglich die Reste des ehemaligen Säulenvorhofs. Diese wurden 1988 wiedergefunden und sind zum 50. Jahrestag der Zerstörung als Mahnmal neu aufgestellt worden.

Adresse Synagogenplatz, 55118 Mainz-Neustadt | **ÖPNV** Bus 62, 63, 76, 92, Haltestelle Synagogenplatz | **Öffnungszeiten** Anfragen für Führungen können über die Internetseite www.jgmainz.de an die Jüdische Gemeinde Mainz gerichtet werden. | **Tipp** Im Stadthistorischen Museum auf der Zitadelle gewährt die in fünf Abteilungen gegliederte Ausstellung »Magenza – 1.000 Jahre jüdisches Mainz« einen Überblick über die wechselvolle Geschichte der Mainzer Juden seit dem Mittelalter, www.stadtmuseum-mainz.de.

96 Der Taufstein

Wo der kleine Johannes Gutenberg die Taufe empfing

Bereits ein halbes Jahrhundert bevor Kolumbus Amerika entdeckte, legte Johannes Gutenberg das Fundament der modernen Medienkommunikation: Er gilt als Erfinder des Buchdrucks mit beweglichen Metalllettern in Europa. Geboren wurde der Sohn des Patriziers Friele Gensfleisch vermutlich um das Jahr 1400 in Mainz, im »Hof zum Gutenberg«. Im Jahr 1998 wurde er international zum »Man of the Millenium«, also zur wichtigsten Person des 2. Jahrtausends, erklärt.

Die Christophskirche, eine als Mahnmal für die Bombenopfer des Zweiten Weltkrieges gestaltete Ruine, gilt als Taufkirche Gutenbergs. Der alte gotische Taufstein, mit an lombardische Kunst erinnernden Verzierungen, befindet sich versteckt im ehemaligen Ostteil von St. Christoph und kann bei Führungen besichtigt werden. Die Valentinuskapelle wird als Andachtsstätte und Gottesdienstraum von der griechisch-orthodoxen Gemeinde genutzt.

Der »Algesheimer Hof«, wo sich einer Chronik zufolge Gutenbergs letzter Wohnsitz befunden haben soll, liegt auf der anderen Seite des Platzes, in der Hinteren Christophstraße, Eckhaus Nummer 3. Johannes Gutenberg verbrachte hier die Jahre vor seinem Tod im Jahr 1468.

Gutenberg zieht sich wie ein roter Faden durch die Landeshauptstadt: Obwohl kein zeitgenössisches Porträt überliefert ist, sind in Mainz drei Skulpturen des Erfinders aufgestellt. Das wohl bekannteste Denkmal stammt von Bertel Thorvaldsen und thront seit 1837 hoch auf einem Sockel auf dem Gutenberg-Platz. Eine zweite Skulptur befindet sich in unmittelbarer Nachbarschaft der Ruine der Christophskirche und zeigt Gutenberg beim Bedienen der Druckerpresse. Die dritte ist nicht nur die älteste, sondern wohl auch die mit dem unspektakulärsten Standort: Das Denkmal aus dem Jahr 1827 stammt von Joseph Scholl und steht im Eingangsbereich des Verwaltungsgebäudes des Gutenberg-Museums.

Adresse Christofsstraße, 55116 Mainz-Altstadt | **ÖPNV** Bus 28, 62–65, 68, Haltestelle Schusterstraße/Galeria Kaufhof | **Tipp** Von hier aus ist es nur ein kurzer Fußweg zum Gutenberg-Museum für Buch-, Druck- und Schriftgeschichte (Liebfrauenplatz 5), wo auch eine nachgebaute, komplett eingerichtete Gutenberg-Werkstatt zu sehen ist.

97 Der Traubensaal
Einmal Paris und zurück

Extra für die Weltausstellung in Paris im Jahr 1900 angefertigt, ist der Traubensaal im Hause Kupferberg bis heute ein bedeutsames Zeugnis des Jugendstils. Er wurde von dem Berliner Architekten Bruno Möhring als Teil des Deutschen Weinpavillons entworfen. Dort konnten verschiedene Winzer und Sekthersteller ihre Produkte präsentieren und Werbung für deutschen Wein und Sekt machen. Auch die Familie Kupferberg war dort vertreten. Christian Adalbert Kupferberg (1824–1876) hatte erst 50 Jahre zuvor die »Fabrication moussirender Weine« in Mainz gegründet. Es galt, sich bekannt zu machen und den Verkauf anzukurbeln.

Den Söhnen C. A. Kupferbergs, Franz und Florian, erschien der nach der Weltausstellung zum Verkauf stehende Traubensaal als passendes repräsentatives Ambiente für Veranstaltungen in den eigenen Mainzer Räumlichkeiten. Diese konnten zu jener Zeit sicher etwas Schmuck vertragen, denn die Sektkellerei befindet sich auf dem Kästrich, in den Gebäuden der früheren Alexanderkaserne. Die damals Platz für 200 Soldaten bietende Kaserne war zwischen den Jahren 1863 und 1865 im Rücken der Bastion Alexander erbaut und im Jahr 1900 an die Sektkellerei verkauft worden.

Wenn man den Traubensaal betritt, soll man sich wie in einem großen, festlich geschmückten Fass fühlen. Kunstvoll geschmiedetes Weinlaub, Reben und Trauben, die sich in den dekorativen Lampen wiederholen, stehen hier in starkem Kontrast zu den chinesischen Drachen: Die dekorativen Ungeheuer fanden dank einer »Asienmode« innerhalb des damaligen Jugendstils den Weg in die Kellerei und winden sich am Ende je eines Bogens. Genutzt wird der in Mainz originalgetreu wiederaufgebaute Pavillon bis heute in erster Linie zu repräsentativen Zwecken.

Seit dem Jahr 2009 hat der Traubensaal aber noch eine ganz besondere Funktion inne: Er gilt als offizielle Zweigstelle des Standesamts Mainz.

Adresse Kupferbergterrasse 17–19, 55116 Mainz-Oberstadt | ÖPNV Bus 62, 63, 67, 71 , 76, Haltestelle Trajanstraße | Öffnungszeiten Nach Anmeldung. Informationen unter Tel. 06131/9230 und www.kupferbergterrasse.com | Tipp Die bereits bestehenden Kelleranlagen gehen auf die Römerzeit zurück beziehungsweise zählten zu den aus dem Mittelalter stammenden Kellern des nahe gelegenen Altmünsterklosters. Die insgesamt 60 Gewölbekeller auf sieben Etagen wurden zu den am tiefsten geschichteten Kellern der Welt entwickelt.

98__ Die Türmerwohnung

Penthouse für den Feuer- und Feindmelder

Der markante Turm von St. Stephan ist jedem Mainzer ein Begriff.
Hoch über der Altstadt thronend, ist die von Erzbischof Willigis geschaffene Hallenkirche der größte Kirchenbau nach dem Dom. Seit
den 1970er Jahren ist sie über Mainz hinaus wegen der neun von
Marc Chagall (1887–1985) gestalteten leuchtend blauen Fenster bekannt. Was aber hat es mit den putzigen, in hübschem Grün gestri-
chenen Klappläden in schwindelnder Höhe auf sich? Wohnt da jemand? Oder sind sie reine Zierde?

Tatsächlich befindet sich hinter diesen Fensterchen die frühere
Türmerwohnung von St. Stephan. Um die Stadt und das Umland
stets im Auge zu haben und vor Feuer und Feind zu warnen, zog
erstmals 1559 ein Türmer in St. Stephan ein.

Insgesamt sieben namentlich bekannte Türmer versahen dort bis
zum Auszug des letzten Türmers am 1. April 1911 rund 350 Jahre
lang Tag für Tag ihr Amt. Ihre Aufgaben waren in erster Linie welt-
lich. Mit Unterstützung der ganzen Familie war der Türmer Brand-
wächter und für das – manuelle – Läuten der Glocke im liturgischen
ebenso verantwortlich wie für die – mangels Turmuhr – akustische
Zeitangabe.

Der schlichte, entsprechend der Form des Turms achteckige
Raum, hat sieben Fenster –, und aus jedem von ihnen ist die Aussicht
spektakulär. Weil vor der achten Seite der Treppenturms angebaut
ist, hat sie keinen Ausblick. Was für den jeweiligen Türmer, der dort
rund 66 Meter hoch über den Dächern von Mainz residierte, inso-
fern kein Problem darstellte, als ein um den Turm herumlaufender,
überdachter Gang, den zur Erfüllung seiner Aufgaben erforderlichen
Rundumblick auf die Stadt nach allen Seiten ermöglichte.

Wer heute den Weg dort hinauf sucht, möchte das traumhafte
Panorama über die gesamte Stadt genießen. Wie es wohl war, hier
mit Kind und Kegel Jahr für Jahr zu hausen und seinen eintönigen
Dienst zu versehen? Auch daran mag man denken.

Adresse Stefansplatz, 55116 Mainz-Altstadt | **ÖPNV** Bahn 50, 51, 52, Haltestelle Am Gautor | **Öffnungszeiten** Die Türmerwohnung kann nach Voranmeldung und auch als Bestandteil einer Führung durch St. Stephan besucht werden, Pfarrhaus St. Stephan, Tel. 06131/231640, Internet www.st-stephan-mainz.de. | **Tipp** Die Chagall-Fenster sind das einzige sakrale Werk des Künstlers in Deutschland und das letzte von ihm geschaffene Glaskunstwerk in dieser Dimension.

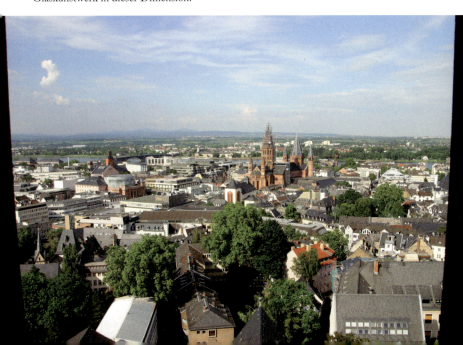

99 Die Utschebebbes

Gräber erinnern an die Kolonialsoldaten

Während der Zeit der französischen Besatzung nach dem Ersten Weltkrieg – ab Ende 1918 bis Juni 1930 – kamen mit den hier stationierten Franzosen auch die sogenannten »Kolonialsoldaten«. Zwei senegalesische Regimenter lagen bis Juni 1920 in der Elisabethkaserne und in der Zitadelle. Rund 4.000 Algerier und Marokkaner verblieben nach deren Abzug in Mainz.

Bereits Napoleon III. hatte 1857 Soldaten aus Westafrika als »Tirailleurs Sénégalais« zu einer Truppe zusammengefasst. Noch im Zweiten Weltkrieg trugen alle westafrikanischen Soldaten den Namen Senegalschützen, ungeachtet ihrer tatsächlichen Herkunft. Sie kämpften bereits im Deutsch-Französischen Krieg 1870/71 in Europa.

»Utschebebbes« war während der französischen Besatzung in Mainz und Rheinhessen die gängige Bezeichnung für französische Soldaten afrikanischer Herkunft. Woher der Name »Utschebebbes« tatsächlich kommt, ist bis heute allerdings strittig: Für die einen ist es eine Verballhornung des nordafrikanischen Städtenamens »Sidi bel Abbès«, für andere ist es ein von dem in Nordafrika gesprochenen Französisch der »pied noir« lautsprachlich veränderter Ausdruck für »Haut ab«.

Der Bevölkerung fiel ein Teil von ihnen außer durch ihre dunkle Hautfarbe besonders durch die ungewöhnliche Uniform auf, die eher für einen Ritt durch die Wüste als den Weg durch die Mainzer Gassen geeignet schien. Die afrikanischen Soldaten litten unter dem mitteleuropäischen Klima. »Die armen Kerle husteten sich in unserem neblig-feuchten, nasskalten Winterklima massenweise zu Tode, die Friedhöfe in Mainz und Koblenz legen ein furchtbares Zeugnis dafür ab, was diese Afrikaner der Kultur verdanken«, schrieb der in Mainz geborene Schriftsteller Carl Zuckmayer. So erklären sich die vielen islamischen Grabsteine französischer Besatzungssoldaten auf dem als Teil des Mainzer Hauptfriedhofs angelegten Ehrenfriedhof (Feld 68).

Adresse Hauptfriedhof (Haupteingang Untere Zahlbacher Straße), 55131 Mainz-Oberstadt | **ÖPNV** Bahn 52, Haltestelle Hauptfriedhof/Blindenzentrum | **Tipp** Im Garnisonsmuseum auf der Zitadelle ist die Zeit der französischen Besatzung in Mainz die am umfassendsten dokumentierte Epoche. Hier ist beispielsweise auch eine Originaluniform der Kolonialsoldaten zu sehen, www.festung-mainz.de/museum.

100 Das Victor-Hugo-Ufer
Flirten, sonnen, chillen und grillen

Wasser übt innerhalb einer Stadt eine besondere Anziehungskraft aus. Ein besonders attraktives Fleckchen, um einen Panoramablick auf die gegenüberliegende Maaraue und Mainmündung mit Mainspitze zu haben und dazu all das zu tun, was in der wärmeren Jahreszeit Freude macht, ist der Grünstreifen zwischen Winterhafen und Rhein.

Im Rücken den Winterhafen, in der Front den hier besonders breiten und reißenden Rhein, kann hier tatsächlich ein bisschen so etwas wie Urlaubs-Feeling aufkommen.

Außer Spaziergängern, Joggern und Radfahrern, die sich auf den Wegen tummeln, zieht die Rasenfläche, in deren Mittelpunkt eine hübsche, bespielbare Skulptur – die Arche Noah von der Nieder-Olmer Künstlerin Liesel Metten – steht, ein bunt gemischtes Völkchen an. Hier wird – am liebsten gruppenweise – gechillt und gegrillt, geflirtet und gesonnt, was das Zeug hält. Wenn dann noch der eine oder andere eine Gitarre auspackt, hat das ganze etwas von einem Event mit Campcharakter.

Zum Baden in den Rhein kann man allerdings auf keinen Fall. Und zum Sporteln ist es eigentlich auch ein wenig eng. In den letzten Jahren sind aber speziell hier zunehmend sportliche Menschen zu beobachten, die zwischen den wenigen Bäumen am Wasser Gurte oder dünne Gummischläuche spannen und darauf balancieren wie Seiltänzer im Zirkus. Slackline oder auch Slacklining heißt der Trendsport.

Eingerahmt wird der Grünstreifen von der DLRG-Wachstation im Süden und dem Biergarten auf der Mole im Norden. Wer also Durst bekommt, lässt sich ein paar Schritte weiter bei einem kühlen Getränk den frischen Rheinwind um die Nase wehen. Der Rettungswachdienst in der Station am Winterhafen ist an Feiertagen und Wochenenden ab dem 1. Mai bis einschließlich dem ersten Oktoberwochenende vor Ort. Das Victor-Hugo-Ufer ist mit einer Drehbrücke, die über den Winterhafen führt, verbunden.

Adresse Victor-Hugo-Ufer, 55116 Mainz-Altstadt | **ÖPNV** Bus 60, 61, 71, 90, Haltestelle Holzturm / Malakoff-Passage | **Tipp** Die Eisenbahnbrücke ist in Sichtweite. Ein Spaziergang auf die hessische Seite zur Mainspitze ist auch wegen des Perspektivwechsels reizvoll.

101 Das Vogelhaus
Retro-Umgebung für Aras und Flamingos

Generationen von Mainzer Kindern haben Papageien und Flamingos zum ersten Mal im Stadtpark gesehen, wo Aras, Zebrafinken und andere mehr oder minder exotische Vögel im teilweise verglasten Vogelhaus mit seinen Außenvolieren leben.

In den 1960er Jahren wurde das Vogelhaus gemeinsam mit einem Blütenhaus und terrassenförmig angelegten Tropenhäusern anlässlich des 2.000-jährigen Stadtjubiläums als Abschluss des Parks nach Südosten, am Übergang zum Volkspark, gebaut. Die anderen Häuser existieren in ihrer ursprünglichen Form schon seit Jahren nicht mehr. Sie sind teilweise in die Hotelanlage, deren Name auf die früher im Stadtpark befindliche Sommerresidenz Favorite zurückzuführen ist, integriert. Doch das Vogelhaus besteht noch genau in der Form, wie es erbaut wurde.

Als Überbleibsel einer Epoche, die längst vergangen ist, nämlich die der eigenen Kindheit, lässt ein Besuch darin ganz retromäßig die Herzen vieler heute längst erwachsener Mainzer höherschlagen. Die kommen nämlich spätestens dann wieder hierher, wenn sie mit den eigenen Kindern oder Enkeln das Wochenend-Pflichtprogramm zwischen Volks- und Stadtpark absolvieren. Und dann jedes Mal aufs Neue testen: Gibt es die Aras noch? Ja! Wenn auch vermutlich in der x-ten Generation. Und: Riecht es noch so wie früher? Ganz eindeutig: leider nein. Dieser ganz bestimmte Geruch, der einem nach Durchschreiten der Drehtüren entgegenschlug, hat sich irgendwie verändert. Als das Vogelhaus im sechsten Jahrzehnt seines Bestehens baufällig wurde, Stützpfeiler das wackelige Gebäude provisorisch stützten und sogar von Abriss die Rede war, kam unerwartete Hilfe durch den Förderverein »Schräge Vögel«. Der hat sich den Erhalt des Flachbaus zur Aufgabe gemacht und mit Spendengeldern das Gebäude saniert. Die Mainzer können also erst einmal aufatmen. Das Zuhause von Ara und Co. scheint gesichert. Und die Flamingos, die hier bisher ihr karges Winterquartier hatten, ziehen um in einen Neubau am Weiher.

Adresse Stadtpark, 55131 Mainz-Oberstadt | **ÖPNV** Bus 62, 63, 92, Haltestelle Rosengarten | **Öffnungszeiten** Nov.–Feb. 9–17 Uhr; März–Okt. 9–18 Uhr | **Tipp** Das Vogelhaus befindet sich inmitten des Mainzer Stadtparks. Besonders schöne Ziele sind der Weiher am unteren Ende des Parks sowie der Rosengarten.

102 Der Walk of Fame

Jedem sein eigener Stern

Kleine, in den Boden eingelassene, je nach Verwitterung bisweilen unscheinbare Bronzetafeln mit einem siebenzackigen Stern aus Edelstahl, eingraviertem Schriftzug und persönlicher Signatur reihen sich auf den zur Mitte des Romano-Guardini-Platzes führenden Wegen zu einem »Walk of Fame« aneinander.

Zu den zahllosen Ehrungen, die Victor von Bülow alias Loriot bereits zu Lebzeiten erhalten hat, gehört auch sein ganz persönlicher glänzender »Stern der Satire« auf dem »Walk of Fame« des Kabaretts in Mainz. Seit 2004 werden die Plaketten zum Gedenken an herausragende Persönlichkeiten, die als Autoren oder Interpreten des internationalen Kabaretts künstlerische Wirkung erzielt oder an der Kabarettgeschichte mitgeschrieben haben, in den Boden eingelassen. Zu ihrem 20. Todestag wurde Marlene Dietrich mit dem 74. Satire-Stern seit dem Start der mittlerweile beeindruckenden Straße im Jahr 2004 in die illustre Runde aufgenommen. Außerdem vertreten sind Größen der Kabarettszene oder literarische Satiriker wie beispielsweise Hanns Dieter Hüsch, Werner Finck, Karl Valentin, Heinz Erhardt oder Kurt Tucholsky. Auch die von den Nazis in deutschen Konzentrationslagern ermordeten Künstler Erich Mühsam, Fritz Grünbaum und Kurt Gerron haben ihr Denkmal auf dem Platz gefunden.

In Mainz ist außer dem Deutschen Kabarettarchiv, das sich dem Gedächtnis des literarischen und politischen Kabaretts verschrieben hat, auch eine der Wiegen des deutschen Kabaretts Nachkriegsdeutschlands beheimatet: die Kleinkunstbühne Unterhaus. Geografisch genau dazwischen liegt der Romano-Guardini-Platz und bietet damit die optimale Plattform für diese besondere Freiluftgalerie.

Wird einem Lebenswerk frühzeitig die entsprechende künstlerische oder literarische Bedeutung zugesprochen, kann der betreffende Satiriker oder Künstler bereits zu Lebzeiten – wie bei Loriot geschehen – hier verewigt werden.

Adresse Romano-Guardini-Platz, 55116 Mainz-Altstadt | **ÖPNV** Bahn 50–52, Bus 28, 54–57, 60–63, 71, 90–92, 99, Haltestelle Schillerplatz | **Tipp** Bei einem Besuch im Deutschen Kabarettarchiv, Neue Universitätsstraße 2, ist eine Galerie der Geehrten mit weitergehenden Informationen zum Lebenswerk zu sehen, www.kabarett.de.

103__ Die Wallaustraße

In der Neustadt zwischen »oben« und »unten«

Während sich der Hauseingang des Hauses Wallaustraße 77 im freiliegenden Kellergeschoss befindet, ist im ersten Stock eine Torfahrt zu erkennen. Ebenso verhält es sich mit den Häusern Nummer 84 und 86: Die allesamt fünfstöckigen, 1905 erbauten Wohnhäuser sind auf die bis heute freiliegenden Kellergeschosse aufgebaut. Entworfen wurden sie von den Architekten Ludwig Becker und Philipp Häfner.

Eduard Kreyßigs Ära als letzter und bedeutsamster Stadtbaumeister von Mainz begann 1865. Die Anlage der Neustadt auf dem früher »Gartenfeld« genannten flachen Gelände bedeutete eine wesentliche Erweiterung des Stadtgebietes in Richtung Norden. Mainz konnte seine bebaute Fläche damit um 160 Hektar erweitern, was fast 150 Prozent ausmachte. Und das war dringend notwendig, denn Mainz war Festungsstadt und Wachstum lange nicht möglich. Erst als der sogenannte Stadterweiterungsvertrag am 21. September 1872 unterzeichnet und damit das Festungsregime nach 1873 gelockert wurde, konnte mit der Umsetzung begonnen werden.

Das Gartenfeld bestand noch im 19. Jahrhundert vorwiegend aus Obstgärten, Feldern und Wiesen. Nach jedem größeren Regen oder Hochwasser war es nahezu überschwemmt. Um eine Kanalisation für die damit insgesamt hochwassergefährdete Neustadt bauen zu können, war Gefälle notwendig. Deswegen und zugunsten der Standfestigkeit der geplanten Wohnbebauung sollte das gesamte Gelände um drei Meter aufgeschüttet werden. Vor Ausbruch des Ersten Weltkrieges war die Stadterweiterung weitgehend abgeschlossen. Doch ein Teil der Neustadt wies noch immer das alte, tiefe Niveau auf, weil die Aufschüttungen nie zu Ende geführt wurden. Und da die Bauherren in der Wallaustraße in voreiliger Erwartung der Aufschüttung schon um das Jahr 1905 mehrgeschossige Wohnhäuser mit ebenerdigen Kellern errichteten, befinden sich die ursprünglich geplanten Hauseingänge bis heute in luftiger Höhe.

214

Adresse Wallaustraße 77, 55118 Mainz-Neustadt | **ÖPNV** Bus 58, 70, Haltestelle Mainstraße/Bewegungszentrum | **Tipp** Von der Wallaustraße gelangt man am schnellsten durch die Mainstraße an den Rhein, wo der Zollhafen und die Kunsthalle mit dem Café »7 Grad« einen Besuch wert sind, www.kunsthalle-mainz.de.

104 Die Wasserleitung
Das höchste römische Aquädukt nördlich der Alpen

Im Vergleich zu anderen römischen Highlights der Stadt liegen die Reste der »Römersteine« in Zahlbach eher jenseits der üblichen Pfade im Schatten hoher Akazien. Schön ist ein Spaziergang von der Unteren Zahlbacher Straße aus über den diagonal durch das Wiesengelände führenden Weg. Dabei bekommt der Besucher einen guten Gesamtüberblick über die sich auf einer Strecke von rund 600 Metern vom Zahlbachtal hinauf zur Backhaushohl erstreckenden 63 Stützen des um 70 nach Christus erbauten Aquäduktes.

Die antike Besatzungsmacht verwirklichte hier einen architektonischen Superlativ: das höchste Aquädukt nördlich der Alpen. Die Brückenbögen überquerten das Zahlbachtal in einer Höhe von immerhin circa 30 Metern.

Reichte der keltischen Urbevölkerung noch das Wasser aus Rhein, Zaybach oder Vilzbach, war den Bauherren des römischen Mogontiacum sehr daran gelegen, sauberes Trinkwasser für die Legionäre in den Garnisonen zu haben. Mit dem Bau dieser Wasserleitung transportierten sie ein großes Stück Zivilisation über die Alpen.

Auf einer Länge von rund neun Kilometern ist in einer gedeckten Steinrinne saubereres Quellwasser aus Drais und Finthen (Fintheim, von lateinisch »ad fontes« – zu den Quellen) über circa 500 steinerne Pfeiler bis in das römische Militärlager auf dem Mainzer Kästrich geflossen. Von dort wurde es weiter bis in die Stadt transportiert. Man vermutet, dass das Frischwasser zunächst unterirdisch und erst auf den letzten dreieinhalb Kilometern oberirdisch mittels des Aquädukts geleitet wurde. Bei einem durchschnittlichen Gefälle von 0,9 Prozent bedeutete dies den Transport von täglich bis zu 30.000 Litern Wasser. Die einst gigantische Anlage wurde, wie fast alle Bauwerke aus römischer Zeit, in der Vergangenheit auch als Steinbruch genutzt. Was die unterschiedlichen Höhen der verbliebenen Stützen erklärt.

Adresse Zugang über die Untere Zahlbacher Straße oder die Backhaushohl, 55131 Mainz-Oberstadt | **ÖPNV** Bahn 52, Haltestelle Römersteine/Hildegardis-Krankenhaus | **Tipp** Der Ausflug ist auch für Familien besonders attraktiv. Meist weiden auf den Wiesen an den Römersteinen Schafe und schnattern Enten.

105 Der Wasserspielplatz
Reminiszenz an eine Zunft

Die Badergasse befindet sich inmitten der historischen Mainzer Altstadt, in einer Seitengasse der Augustinerstraße.

Straßen wurden im Mittelalter oft nach den Berufsständen benannt, die sich dort mehrheitlich angesiedelt hatten. In der Badergasse übten also dem Namen nach die Bader ihr Gewerbe aus. Sie unterhielten oft Badehäuser, versorgten das Volk heilkundig und waren auch als Friseure tätig. In den Bädern ließen es sich die Gäste in Holzzubern gut gehen. Aus moralischen – und auch aus hygienischen – Gründen wurden diese Häuser jedoch gegen Ende des Mittelalters geschlossen.

Ein Gang durch das kleine Törchen in den großen Innenhof des Wohnblocks lohnt sich, nicht nur für Familien mit Kindern. Denn Ende der 90er Jahre hat die Künstlerin Birgit Kratzheller hier eine Hügellandschaft konzipiert, die einem bespielbaren Kunstobjekt inmitten der City gleichkommt. Bewusst wurde hier auf Spielgeräte herkömmlicher Art verzichtet. So gestalten übergroße Fragmente von Badezubern, die an die Geschichte der Bader erinnern, sowie kleine Mauern aus Sichtbeton den mit einem Wasser-, Stein- und Sandspielplatz gefüllten Raum. Eine Pumpe lässt – wenn sie funktioniert – das Wasser in Rinnen sprudeln und Kinderherzen höherschlagen.

Der Wasserspielhügel stellt übrigens noch eine Besonderheit dar: Im Mittelalter wurde der Johannistag als Badetag mit besonders heilkräftiger Wirkung begangen. Durch das in die Brüstungsmauer auf dem Hügel gebohrte Loch soll in den Tagen um die Sommersonnenwende, dem 21. Juni – jeweils um 12 Uhr –, die Sonne einen Lichtfleck auf eine davor installierte, aus Messing gefertigte Bodenplatte werfen und an den Johannistag erinnern. Auf dem Pflanzstreifen an den Mauerelementen werden heute wieder, wie bereits vor 1.000 Jahren, ausschließlich für ihre Wirkung bekannte Kräuter gesetzt. Sie stellen so eine Verbindung zur damaligen Heilkunde her.

Adresse Badergasse, 55116 Mainz-Altstadt | **ÖPNV** Bus 28, 54–57, 60–65, 70, 71, 90, 91, 99, Haltestelle Höfchen/Listmann | **Tipp** Die eng verzweigten Gassen der Mainzer Altstadt laden zu einem gemütlichen Bummel ein. Das Weinhaus zum Spiegel (Leichhof 1) befindet sich in einem historischen Altstadthaus und bietet typische Mainzer Spezialitäten.

106 Der Wegweiser

Auf Napoleons Spuren in Frankreichs Hauptstadt

»537 Kilometer nach Paris« heißt es auf dem gläsernen Wegweiser, der auf einer Verkehrsinsel in der Pariser Straße steht. Die Kilometerangabe bezieht sich auf die Entfernung zwischen Mainzer Markt und der »Place de la Concorde«. Ein Pendant auf der anderen Seite weist ins Mainzer Zentrum.

Der in Richtung Paris zeigende Pfeil am Ausgang der Stadt erinnert an die Zeit vor rund 200 Jahren, als die linksrheinischen Gebiete Deutschlands zu Frankreich gehörten. Napoleon ließ um 1809 eine Straße zwischen seiner Hauptstadt Paris und Mainz, dem Verwaltungssitz des nach dem Donnersberg benannten Departements Mont-Tonnerre, ausbauen. Ursprünglich dazu gedacht, die Handelsbeziehungen zwischen Deutschland und Frankreich zu verbessern, spielte sich auf dieser Straße auch Militärgeschichte ab: Preußische Truppen zogen auf ihr gegen rheinhessische und pfälzische Freischärler. Während der Weltkriege war die Route Angriffs- und Rückzugsstrecke der Deutschen. Heute sind weite Teile dieser geschichtsträchtigen Straße zu Autobahnen geworden, und ihre bewegte Vergangenheit ist fast vergessen.

Die Wegweiser sind jeweils 2,6 Meter lang, 60 Zentimeter hoch, gut drei Zentimeter dick und aus dreischichtigem Verbundsicherheitsglas hergestellt. Sie unterstreichen künstlerisch die historische Verbundenheit zwischen Mainz und Paris und ergänzen das ebenfalls auf dem Grünstreifen stehende »Pariser Tor«, ein Kunstwerk aus Edelstahlröhren. Wie ein Stadttor soll das Gebilde die Besucher in der Domstadt begrüßen. Es erinnert den Betrachter durchaus an den Pariser Triumphbogen, von dem sich der Künstler, der Frankfurter Bildhauer Harald Pompl, bei der Konzeption inspirieren ließ. Die gegenläufige Ausrichtung der Edelstahlröhren symbolisiert das stetige Kommen und Gehen in einer Stadt. Das kann auf die Besucher von heute, aber auch auf vergangene kriegerische Zeiten bezogen werden.

Adresse Pariser Tor, 55131 Mainz-Oberstadt | **ÖPNV** Bahn 50–52; Bus 62, 67, 70, 71, 652, 660, Haltestelle Pariser Tor | Tipp Im Hotel INNdependence gleich um die Ecke arbeiten Menschen mit und ohne Behinderung zusammen. Regelmäßig angeboten werden wechselnde Lunch- und Brunch-Buffets zu einem guten Preis-Leistungs-Verhältnis, www.inndependence.de.

107 Das Wendelinusheim

Vom Forsthaus zum Erholungsheim

Der heilige Wendelin gilt als Schutzpatron der Landwirte und Haustiere. Und er ist der Namensgeber von zwei Kapellen inmitten des Gonsenheimer Waldes sowie eines Hauses, das bereits Generationen von Kinder- und Jugendgruppen als Unterkunft gedient hat. Seit 1930 befindet sich das Fachwerkgebäude in Trägerschaft und Besitz der Katholischen Kinderhilfe e.V., die ihren Sitz in Mainz hat.

Das Wendelinusheim hat eine Vorgeschichte: Es war ursprünglich einmal ein Forsthaus – und befand sich an einer völlig anderen Stelle. Der Förster der um 1840 erbauten »Ludwigshöhe«, so der frühere Name, hatte am ursprünglichen Standort ab etwa 1880 die Genehmigung für einen Ausschank, was die damalige Beliebtheit des Hauses als Ausflugslokal erklärt.

Als jedoch 1908 Baron Martin Wilhelm von Waldthausen (1875–1928) den Entschluss fasste, seinen neuen Wohnsitz, das Schloss Waldthausen, inmitten des Budenheimer Lennebergwalds zu errichten, wurde das ebenfalls auf dem Grundstück befindliche Forsthaus »Ludwigshöhe« mitsamt den es umgebenden 50.000 Quadratmetern Acker und Wald verkauft.

Das Gelände wurde gerodet – und für das Forsthaus war kein Platz mehr. Der Baron ließ es abreißen – und neben der kleineren der beiden Wendelinuskapellen auf der Gonsenheimer Seite des Waldes wieder aufbauen. Weil die Stadtgrenze just dort verläuft, zählen die Kapellen zu dem auf der anderen Seite des Waldes liegenden Budenheim, wo auch der Ursprung ihrer Geschichte liegt.

Die kleinere Kapelle wurde 1776 während einer grassierenden Maul- und Klauenseuche errichtet, um vom heiligen Wendelin Beistand zu bekommen. Die über dem Eingang in Stein gemeißelte Jahreszahl 1814 erinnert an das Datum der Renovierung der Kapelle. Mit dem Bau der größeren Kapelle wurde erst 1862 begonnen. Jeweils am dritten Sonntag im Oktober ist das Ensemble Ziel der Budenheimer Wendelinus-Wallfahrt.

Adresse Wendelinusweg 1, 55124 Mainz, Mainz-Gonsenheim | **ÖPNV** Bus 64, Haltestelle Lennebergplatz oder Bus 47, 64, Bahn 50, 51, Haltestelle Kapellenstraße | **Öffnungszeiten** Weitere Informationen und Buchungen: Katholische Kinderhilfe e.V., Tel. 06131/253600; Internet www.bistummainz.de/einrichtungen/ | **Tipp** Ganz in der Nähe ist ein Tierpark, in dem ausschließlich einheimische Tierarten zu Hause sind. Mit dem aus den aufgestellten Automaten erhältlichen Futter ist das Füttern der Tiere erlaubt.

108__ Die Windmühle

Turborutsche im Windradturm

Lustig wirbelt das im Licht glitzernde und weithin sichtbare Windrad an der Spitze der modernen Windmühlen-Skulptur auf dem höchsten Punkt des Windmühlenbergs am oberen Rand der Innenstadt. Der Weg führt unmittelbar darauf zu, wenn man dem vom Eisgrubweg in Richtung »Zitadelle« zeigenden Hinweisschild folgt. Wenige Schritte vom Windradturm entfernt führt eine moderne Brücke in die frühere Festung.

Der Windmühlenberg hieß im Mittelalter »Zuckerberg«. Hängt dieser Name mit der Ähnlichkeit des Hügels mit einem kegelförmigen Zuckerhut zusammen? Oder wurde er vom »Zuckerturm«, der in einen Teilabschnitt der Stadtmauer am Fuß des Hügels integriert ist, abgeleitet? Nun, das lässt sich nicht mehr genau sagen. Tatsache ist jedoch, dass der bis heute gebräuchliche Name »Windmühlenberg« von der an dieser Stelle während der Zeit der französischen Besatzung um das Jahr 1800 errichteten Windmühle stammt.

Die wahre Besonderheit der Windmühlen-Skulptur erschließt sich übrigens erst auf den zweiten Blick: Im Innern ist eine aufregende 15 Meter lange Riesenrutsche, auch als »Turborutsche« berühmt-berüchtigt, versteckt.

Seitdem es sie gibt, ist sie ein echtes Highlight in der Spielplatzlandschaft. Die Rutsche ist eher etwas für Mutige, die hoch in den Windradturm klettern und dann mit viel Speed durch die Tunnelrutsche nach unten sausen können. Im Jahr 2003 aufgestellt, gilt sie als Bestandteil des Spielgeländes, das für den im Zuge der Neugestaltung des Zitadellenvorfeldes weggefallenen Spielplatz eingerichtet wurde.

Hoch oben vom Windrad aus, bietet sich eine beeindruckende Rundumsicht – die aber auch für die am Boden Gebliebenen nicht zu verachten ist. Der Blick schweift über die Stadt, über den Rhein und Taunus, und bei guter Fernsicht ist auch die Skyline von Frankfurt zu erkennen.

Adresse Eisgrubweg, Richtung Zitadelle, 55116 Mainz-Altstadt | ÖPNV Bus 70, 71, Haltestelle Eisgrubweg | Tipp Das unterhalb gelegene »87er Denkmal« ist ein an das 1. Nassauische Infanterieregiment Nr. 87 sowie dessen Schlachten und Kämpfe erinnerndes Kriegerdenkmal. Von hier aus hat man auch eine gute Aussicht über die Stadt.

109_ Das Wohnquartier Kartaus

Erst Kloster, dann Fort, jetzt Wohnhof

Oft genug fährt man an ihr vorüber – und übersieht sie regelmäßig. Die Straße Kartaus ist eine kleine Querstraße zur Göttelmannstraße in der Mainzer Oberstadt. Wie ein Innenhof ist der Platz von Doppelvillen und einem Einfamilienhaus im Landhausstil umgeben. Idyllisch und irgendwie verwunschen wirkt der Platz inmitten des Wohnhofs. Man könnte sich irgendwo im Süden Frankreichs wähnen. Rollt da nicht irgendwo eine Boule-Kugel? Schließlich umrahmen vier große Platanen den Innenhof, die potenziellen Boule-Spielern Schatten spenden könnten.

Erbaut wurde der Hof im Auftrag der Reichskommission für Festungsgrundstücke von dem Architekten Paul Kubo. Die Stadt Mainz wollte hier zwischen den Jahren 1909 bis 1912 ihre Vorstellung der Gartenstadtidee verwirklicht sehen.

Ursprünglich durch einen Bombentreffer im Zweiten Weltkrieg zerstört, dominiert ein wiederhergestellter barocker Brunnen aus Sandstein den Innenhof. Nach langwieriger Sanierung und Rekonstruktion erinnert die Statue des 1,38 Meter großen lesenden heiligen Bruno, gut geschützt unter einem Schieferwalldach, an das ehemalige Kartäuserkloster. Auf seiner Rückseite ist die in den Sandstein gemeißelte Geschichte des Quartiers zu lesen: »Dieser Wohnhof wurde in den Jahren 1911 und 1912 aus Mitteln des Reiches errichtet ...« Des Weiteren erfährt man, dass sich vorher an genau dieser Stelle das im Jahr 1840 errichtete Fort Kartaus, benannt nach dem einst in der Nähe gelegenen Kartäuserkloster, befunden hat. Das Kloster stand vermutlich zwischen 1323–1781 ungefähr dort, wo heute die Hotelanlage »Favorite« steht.

Nachdem der kaiserliche Erlass von Gibraltar am 18. März 1904 die Niederlegung der älteren Stadtbefestigung veranlasst hat, fiel im Jahr 1908 mit der Umwallung auch das Fort. Das Resultat: »Zur Erinnerung an die Geschichte des Platzes führt der Wohnhof den Namen Kartaus.«

Adresse Kartaus, 55131 Mainz-Oberstadt | **ÖPNV** Bus 62, 63, 92, Haltestelle Rosengarten | **Tipp** Auf vorherige Anmeldung sowie regelmäßig zu den Tagen der offenen Gärten und Höfe in Rheinhessen (www.offene-gaerten-rheinhessen.de) ist der wunderbare Rosen- und Staudengarten von J. Werth geöffnet, Tel. 06131/831051.

110_ Der Wohnturm

Die Curia de Lapide – Mainz' ältestes Wohnhaus

Ganz versteckt in der südlichen Altstadt befindet sich ein wahres architektonisches Kleinod. Das »Haus zum Stein« gilt als einer der ganz wenigen erhaltenen mittelalterlichen Wohntürme in Deutschland. Wohntürme fanden seit dem 12. Jahrhundert weite Verbreitung. Wer schon einmal in der Toskana war, den erinnert das im romanischen Stil von einer Patrizierfamilie erbaute trutzige Gebäude an die Geschlechtertürme aus San Gimignano, die den Wohlstand und Einfluss ihrer Besitzer bezeugen sollten.

Vermutlich zwischen den Jahren 1150 und 1200 wurde das »Haus zum Stein« vom Bauherrn Eberhardus de Lapide aus dem Patriziergeschlecht Jude zum Stein erbaut. Im Laufe der Jahrhunderte mehrfach innen und außen verändert, ist es in seinem Kern das älteste und einzige romanische Mainzer Wohnhaus. Und während die anderen Häuser der Stadt zu jener Zeit üblicherweise aus Holz und Lehm gebaut waren, ist dieses dreigeschossige Exemplar aus Stein. Da es früher Teil der mittelalterlichen Wehranlage war, wurden seine Fenster in neun Metern Höhe über dem damaligen Straßenniveau eingelassen. Vor der Rheinuferaufschüttung gegen Ende des 18. Jahrhunderts noch unmittelbar am Rhein gelegen, konnten die Schiffe damals sogar unmittelbar an dem Wohnturm festmachen. Da das Gemäuer mit mehr als 20 Metern Höhe auch die Dächer in den engen und verwinkelten Straßen überragte, konnte von dieser Höhe aus das Umland besonders gut beobachtet werden.

Zwischen 1981 und 1983 wurde der Turm im romanischen Stil saniert. Seit dem Jahr 2000 befindet er sich im Privatbesitz mehrerer Mainzer Familien.

Im Innern des dreigeschossigen Turms wäre heute auch leider nichts mehr von seiner ursprünglichen Bestimmung zu erkennen. Schicke Maisonette-Wohnungen, die jeweils über eineinhalb Stockwerke hoch sind, konnten aufgrund einer Geschosshöhe von fünf Metern eingerichtet werden.

Adresse Weintorstraße 1, 55116 Mainz-Altstadt | **ÖPNV** Bus 60, 61, 71, 90, Haltestelle Holzturm / Malakoff-Passage | **Tipp** An dieser Stelle ist man im Herzen der Altstadt und kann sich bei einem Bummel durch die Gassen treiben lassen.

111___Die Zeltdachkirche

Eine Kirche auf Wanderschaft

Die evangelische Gemeinde Drais wuchs und wuchs – einzig es fehlte ihr an einem eigenen Zuhause. Man war zu Gast bei den katholischen Nachbarn oder besuchte, als Teil der evangelischen Gemeinde Finthen-Drais, regelmäßig deren Gottesdienste. Das Bedürfnis nach den berühmten eigenen vier Wänden aber stieg stetig.

Als wieder ein neues Baugebiet in dem kleinsten, auf einer Anhöhe über Mainz gelegenen Stadtteil Drais erschlossen wurde, nutzte man die Gelegenheit und kaufte ein Grundstück, um endlich eine eigene Kirche darauf zu bauen.

Doch ließen rückgängige Steuereinnahmen und eine insgesamt kritische Finanzsituation den Traum dann wieder in weite Ferne rücken. Es standen sogar kurzzeitig Überlegungen im Raum, das Grundstück wieder zu verkaufen. Rettung nahte aus Hackenheim. Die dortige evangelische Gemeinde, ungefähr fünf Kilometer von Bad Kreuznach entfernt, zog in eine zwischenzeitlich als Lager verwendete, jedoch größere katholische Kirche. Die für die Hackenheimer Protestanten errichtete Holzkirche in Zeltform von 1967 stand also zu dem für die Draiser bezahlbaren Preis von 250.000 Euro zur Disposition. Zudem die Hackenheimer Notkirche optimal aufs gekaufte Grundstück in Drais passte.

Die Kirche ging also auf Wanderschaft. Stück für Stück wurde sie im Herbst 2002 in Hackenheim ab- und in Drais wieder aufgebaut. Bereits im Dezember desselben Jahres konnte Richtfest gefeiert werden. Zum Pfingstfest 2003 wurde die »Nur-Dach«-Kirche mit einem festlichen Gottesdienst durch Propst Klaus-Volker Schütz eingeweiht.

Nachdem das Äußere weitestgehend unverändert blieb, wurde im Innern einiges neu gemacht. Außerdem kamen nach großzügigen Spenden auch noch ein architektonisch geschickt angepasstes Gemeindezentrum sowie neue, speziell für den ebenfalls aus Hackenheim stammenden 15 Meter hohen Glockenturm gegossene Glocken hinzu. Die Draiser sind glücklich.

Adresse Marc-Chagall-Straße/Ecke Am Wachswald, 55127 Mainz-Drais | **ÖPNV** Bus 54, Haltestelle Ober-Olmer Straße | **Öffnungszeiten** zu den Gottesdiensten sowie auf Anfrage, Tel. 06131/475409, www.evkirchefinthendrais.de | **Tipp** Unterhalb der Draiser Kirche führen Spazier- und Radwege mit schöner Aussicht vorbei.

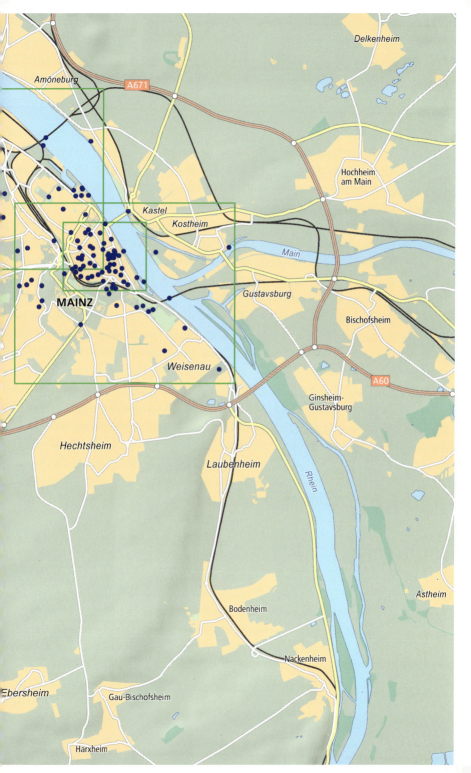

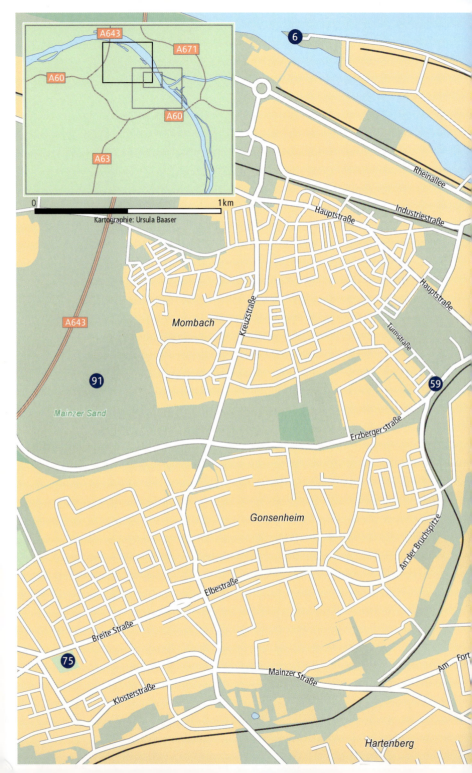

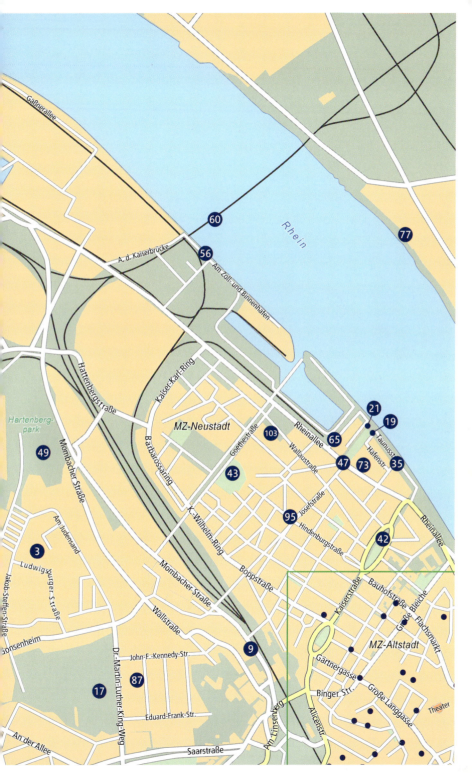

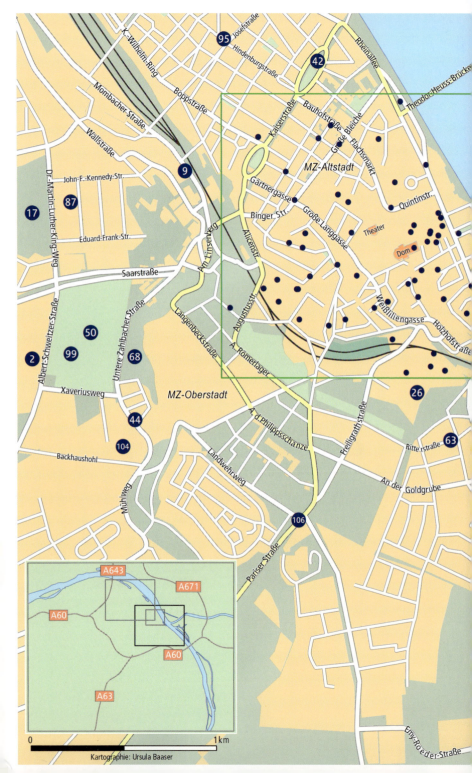

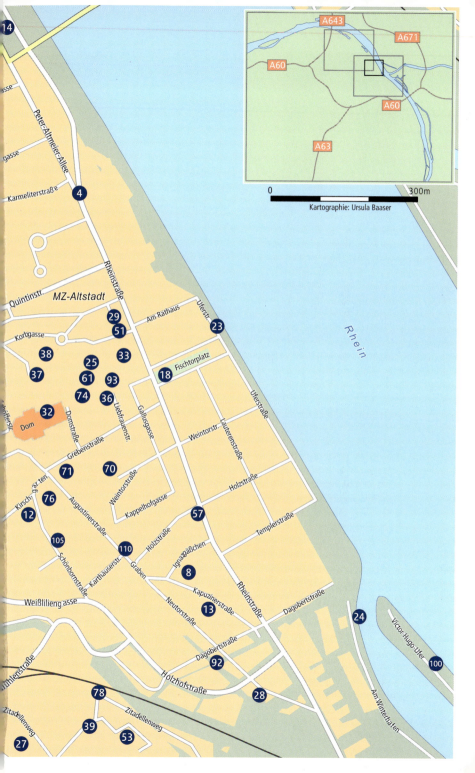

Die Autorin und Fotografin

Stefanie Jung ist freie Journalistin und Autorin. In Mainz geboren und aufgewachsen, hat sie einen bereits mehrfach neu aufgelegten Stadtführer über die Landeshauptstadt herausgegeben sowie mehrere (Kul-)Tourführer über die Region Rheinhessen publiziert.

Außer dem Notizblock ist immer auch die Kamera für den passenden Moment im Gepäck. So stammen alle im Buch abgebildeten Fotografien von ihr.

Ihre letzten Buchveröffentlichungen: »111 Orte in Rheinhessen, die man gesehen haben muss«, »Mainz zu Fuß: die schönsten Sehenswürdigkeiten zu Fuß entdecken« (6. Auflage) sowie »Rheinhessen für Entdecker: 55 Touren zum Wandern und Radeln, Erleben, Genießen und Erforschen«.

»*Autorin Stefanie Jung enthüllt in ihrem neuen Buch (›111 Ort in Mainz, die man gesehen haben muss‹, Emons Verlag) Ecken, an denen wir alle vorbei geschlendert sind, ohne das besondere zu bemerken.*«
BILD

»*Wohlbekannte wie auch versteckte und kuriose Winkel und Sehenswürdigkeiten haben hier Platz gefunden.*«
SWR Landesschau Rheinland-Pfalz

»*Weit über Fastnacht, Altstadt und Dom hinaus wirft Jung einen frischen und erfrischenden Blick auf ihre Heimatstadt*«   Mainzer Allgemeine Zeitung